조선왕조실록에 의한

무령군(武靈君) 유자광(柳子光)

조선왕조실록에 의한
무령군(武靈君) 유자광(柳子光)

초판1쇄 발행 · 2014년 3월 10일

저　자 · 류정수
펴낸이 · 이종덕
펴낸곳 · 비전북하우스
편　집 · 박애순 문자현 이성덕　　표지 · 문자현
디자인 · 영성네트워크　　　　　　판매 및 공급처 · 계백북스
인　쇄 · 예림　　　　　　　　　　☎ 02-736-9914, 팩스 (02)02-736-9917

© 류정수 2014

등　록 · 제 2009-8호(2009. 05. 06)
주　소 · 132-778 서울시 도봉구 해등로 25길 41번지
전　화 · 02) 6221-7930
이메일 · ljd630@hanmail.net
카　페 · http://cafe.naver.com/visionbookhouse
홈　피 · www.visionbhc.com

정 가 10,000원
ISBN 979-11-85567-10-5　03990

＊이 책의 저작권은 저자가 가지고 있습니다.
저자와 출판사의 허락 없이 책의 내용이나 표지를 인용이나 복제할 수 없습니다.

조선왕조실록에 의한

무령군(武靈君) 유자광(柳子光)

류정수

서 언

 어느 시대에든지 가난한 사람과 부자가 공존했는데, 부자들에 의해 가난을 극복해 보려는 자유주의를 옹호하는 집단과 가난한 이들을 국가가 보호하고 지원해 평등한 사회를 만들어 보려는 집단이 공존했다.

 자유주의자들의 논리는 부자들에게 세금을 감면해 주어 자본을 축적시켜 신규 투자를 늘리고, 새로운 일자리를 많이 창출하자는 것이다.

 이론적으로는 백 번 옳은 말이지만 실제로 보면 축적된 자본으로 새로운 일자리를 창출하기보다는 사업의 팽창에 혈안이 된다. 그래서 더욱 부자가 되려는 끝없는 욕망으로 부익부 빈익빈을 심화시킨다.

 반면에 자본의 축적 없이 균등한 분배만을 강조하다 보면 사회는 성장하지 못하고 만성적인 적자에 허덕이게 된다.

 어느 것이 옳고 그르냐는 판단할 수 있는 것이 아니고 적정한 성장과 효율적인 배분이 중요하기에 상대편(Counter partner)은 꼭 필요하다.

　나의 의견과 다른 사람이 절대 필요한 것은 자신이 미처 생각지 못한 것을 상대편으로부터 배워 자신의 취약점을 보완할 수 있기 때문이고, 자기 자신이 신이 아니기 때문에 결함이 있다는 것을 알 수 있는 계기가 되기 때문이다.

　상대를 인정하는 나라와 민족은 발전에 발전을 거듭했고, 상대를 인정하지 않는 집단은 전쟁을 치르거나 논쟁으로 많은 시간을 허비해 지리멸렬하다가 역사 속에서 사라졌다.

　왕건이 고려라는 나라를 세웠고, 백성이 융성하게 살다가 몽고의 침입으로 무신들이 정권을 잡고 나라를 다스리면서 왕권이 쇠퇴하기 시작했다.

　요동정벌을 꿈꾸었던 고려는 명나라를 적으로 만들어서는 안 된다고 생각한 이성계 장군의 위화도 회군으로 나라의 이름이 조선으로 바뀌었다.

　조선 건국 초기 왕권 강화라는 명분으로 두 번의 왕자의 난이라는 골육상쟁을 겪었으며, 숙부에 의한 단종의 폐위라는 파란을 겪으면서 왕위가 계승되었다.

　모두가 왕이 되고 싶은 야심만 가지고 천하를 얻으려 했던 것은 아니었을 것이다. 헐벗고 굶주린 백성을 구하고 싶은 마음이 조금이라도 있었기에 왕이 되어 나라를 다스렸을 것이다.

 조선 왕조는 왕권을 강화해 백성을 잘 살게 해야 한다는 훈구 대신과 과거제도에 의해 등용된 신진 사류에 의해 나라가 통치되어야 한다는 사림들이 함께 공존했다.

 세종조와 같이 현명한 왕이 재임하는 동안에는 이들이 서로 견제하며 나라가 발전했으나 연산과 같은 이가 왕이 되면서 서로 싸우기를 거듭하여 왕권은 쇠약해지고 백성들의 삶은 피폐해져 갔다.

 무령군 유자광은 그의 면면과 너무 다르게 실력도 없이 장기간 자리를 보전한 간신으로 세간에 알려져 있으나 그는 실력을 겸비한 철저한 왕권 수호자였다.

 그래서 그는 왕권 강화에 힘을 쏟았고, 그 능력을 인정받아 세조, 예종, 성종, 연산, 중종까지 5대조를 섬기며 왕을 보필했던 것이다.

 조선왕조는 신분 제약이 엄격한 유교주의 시대로 서출은 벼슬길에 나갈 수 있는 과거조차 볼 수 없었다.

 유자광은 29살의 적지 않은 나이로 갑사의 낮은 직책임에도 불구하고 이시애의 난을 평정하면서 세조에게 발탁되어 병조 정랑이 되었다.

 유지광은 세조에 의해 벼슬길이 열리게 된 다음 해, 세조의 온양 행차 시에 치른 별시에서 문과에 장원 급제함으로 정3품인 병조 참지에 오르게 된다.

유자광은 일부 왜곡된 역사적 사실들에 의해 많은 사람들이 남이 장군을 모함하여 죽였다고 알고 있다.

　그러나 남이 장군의 할머니는 태종의 딸인 정선공주이며, 남이의 아버지와 세조는 사촌 간이고, 남이는 예종과 6촌이었기에 아무런 근거도 없이 유자광의 모함만으로 그런 일이 벌어질 수는 없었을 것이다.

　사람이 사는데는 공도 있고 과도 있기 마련이다. 그러나 무령군 유자광은 서출로서 사림의 지탄을 한 몸에 받았기에 오랫동안 사실과 다르게 알려진 것이 너무나 많다.

　본인은 국사편찬위원회가 조선왕조실록을 국문으로 번역하여 누구나 열람할 수 있게 전산화한 내용을 근간으로 사회적 제도와 신분 제약에도 불구하고 재상의 반열에 올라 조선 왕조의 왕권 강화에 혼신의 힘을 쏟았던 무령군 유자광을 재조명하였다.

　답답하고 지루한 시간을 말없이 지켜보며 성원을 아끼지 않은 사랑하는 아내와 아들에게 이 책을 전하며, 출판사 관계자 여러분들께 감사의 인사를 드린다.

2014년 입춘 小我 柳丁洙

I. 서출에서 익대 공신으로

01. 이시애의 난 · 12
02. 낭관 · 22
03. 유자환 · 27
04. 남이 장군 · 33
05. 남이의 역모 사건 · 38
06. 의령 남씨 부인 · 44
07. 정숙공 · 52
08. 익대공신 · 60
09. 수난 · 64
10. 귀양 · 72
11. 유배 · 83
12. 서용 · 87

II. 좌천과 복권

13. 서출 • 96
14. 장악원 제조 • 104
15. 보령 최씨 부인 • 109
16. 대간 • 117
17. 무오사화 • 126
18. 박논 • 136
19. 갑자사화 • 144
20. 중종반정 • 150
21. 탄핵 • 156
22. 가계 • 168
23. 졸기 • 176
24. 장례 • 186

I
서출에서 익대공신으로

01
이시애의 난

고려 말, 몽고의 계속된 침입과 무신들의 정권 장악으로 왕건이 세운 고려는 왕권이 약해질 대로 약해지고, 그로 인해 민생은 피폐해질 대로 피폐해졌다.

공민왕의 개혁은 신돈 등의 몰락으로 뜻을 이루지 못했고, 474년 동안 왕씨에 의해 다스려졌던 고려는 이성계 장군의 위화도 회군으로 1392년 나라가 고려에서 조선으로 바뀌었다.

태조 이성계는 장자 상속에 의한 왕권 계승을 주창하며 나라를 세웠지만 왕자들 간의 왕권 다툼으로 건국 초기부터 두 차례 왕자의 난을 겪었고, 다섯째 아들 이방원이 1401년 태종이 되면서 왕자의 난은 일단락되었다.

태종은 17년 동안 나라를 다스리며 사병을 철폐하는 등 왕권을 강화하였으며, 후에 장자에게 왕위를 물려주려 노력하였으나 뜻대로 되지 않자 셋째 아들에게 왕위를 물려주었다. 그가 바로

1418년에 왕위에 오른 세종대왕이다.

  세종은 32년 동안 나라를 다스리면서 조선을 반석 위에 올려놓았다. 그리고 나라를 큰 아들에게 물려주었지만 그 아들 문종은 왕위에 오른 지 2년도 되지 않아 병으로 죽었고, 왕위는 다시 그의 어린 아들 단종에게 이어졌다.

  12세에 왕위에 오른 단종은 3년간 나라를 다스렸으나, 이를 지켜본 숙부 수양대군은 왕권이 견고하지 못하다고 생각해 단종을 상왕으로 만들고 자기가 왕위에 올라 세조가 되었다. 그 후 단종 복위 운동이 이어지자 단종을 서인(庶人)으로 만들어 유배시켜서 죽게 했다.

  많은 사학자들은 세조가 어린 조카를 죽이고 왕위를 빼앗았다고 하나, 세종의 맏형이며 집안의 어른이신 세조의 백부 양녕대군이 살아있는 동안에 벌어진 일이므로 이는 찬탈이라고 말하기보다는 왕권 수호를 위해 이씨 집안 어른들의 묵시적 동조에 의한 일이라고 본다.

  세조가 왕위에 올라 중앙 집권을 강화하는 것에 반발하여 세조 13년(1467년) 5월에 전(前) 회령 절제사 이시애가 함경도 길주에서 그 아우 이시합과 더불어 반역을 일으켰다.

  이시애의 무리가 인근 수령들을 살해하니 조정에서는 귀성군 이준을 함길도, 강원도, 평안도, 황해도의 4도 병마 도총사로 삼아 토벌 군사를 보냈다. 이때 이준의 나이는 27세였다.

한 달이 가깝도록 이시애의 난을 평정치 못하자 궁궐 문을 지키던 갑사(甲士) 유자광이 비번으로 남원에 내려가 있다가 남원을 출발하며 세조에게 상소문을 올렸다.

서출은 절대로 조정에 나갈 수 없는 조선 왕조에서 유자광은 이 상소를 계기로 세조에게 부름을 받았으며, 그로 인하여 벼슬길로 나갈 수 있었기에 전문을 인용한다.

또한 후대의 사림들이 서출인 갑사 유자광이 이 상소문 하나로 벼락 출세한 것처럼 자주 문제시하고 있기에 원본대로 인용한다.

세조 13년(1467년, 정해년) 6월 14일(정미)
이시애의 난 평정에 관한 갑사 유자광의 상서

갑사(甲士) 유자광이 상서(上書)하기를 "신이 하번(下番)하여 남원(南原)에 있으면서 이시애(李施愛)의 일을 늦게 듣고서는 바야흐로 식사하다가 비저(匕箸)를 버리고 계속 군현(郡縣)을 독려하여, 신(臣)이 징병(徵兵)하는 문권(文卷) 속에 이름이 기록된 것도 깨닫지 못하였습니다.

신은 본디 궁검(弓劍)으로써 자허(自許)하였으니, 용약(踴躍)

하라는 것을 듣고 말[馬]을 의지하여 행군을 기다려 여러 날 차례를 기다렸는데, 군현에서 행군을 독촉하여 날짜를 정하였다는 지령이 있지 않았습니다.

신은 이에 밤새도록 자지 못하고 분연(奮然)히 그윽이 이르기를, '국가가 비록 사방(四方)을 계엄(戒嚴)하여서 병졸을 정제(整齊)하더라도 어찌 사방의 병사를 다 징발한 연후에야 일개 이시애를 토평(討平)할 수 있겠는가?' 하였습니다.

신은 이미 갑사에 적명(籍名)되어 항상 변야(邊野)에서 공을 세우고 나라를 위하여 한 번 죽으려고 하였는데, 하물며 국가에 심복(心腹)하는 적(賊)을 당하여 신이 어찌 마음으로 축대(逐隊) 수행(隨行)하여 징병의 수에 열차(列次)하고 원방(遠方)에서 안처(安處)하여 자고 먹는데 좋게 여기겠습니까?

그러므로 신은 이달 초 6일에 남원으로부터 발정(發程)하여 하루에 갑절의 길을 걸어서 도로(道路)를 갔는데, 사람에게 전문(傳聞)하니 모두 이르기를, '역적(逆賊) 이시애는 아직도 굴혈(窟穴)을 지키고, 적은 죄 없는 이를 죽이어 함길도 한 도가 소요(騷擾)하게 되었다.' 고 하니, 어찌 일개의 적(賊)을 즉시 나아가 죽이지 못하고 전하의 치평(治平)에 누(累)를 끼치며, 묘당(廟堂)의 도의(圖議)를 수고롭게 하십니까?

살피지 못하거니와 전하께서는 벌써 장사(將士)로 하여금 1운

(運), 2운(運), 심지어는 3운, 4운에 이르도록 병사를 나누어 들여보냈다 하는데, 그렇다면 어찌 이제까지는 한 장사(將士)도 이시애의 머리를 참(斬)하여서 서울에 바치는 이가 없습니까?

만약 즉시 토평하지 못하면 이시애로 하여금 극진한 흉악(兇惡)을 방자(放恣)하게 하고, 날을 허비하여 주륙(誅戮)을 머물면, 함길도 수십 주(州)의 죄 없는 백성이 진실로 가련(可憐)하게 되며, 또 만약 이시애가 악독함을 극진히 하여 죄가 다하면 이르는 곳의 주부(州府)를 불사르고, 이르는 곳의 병기(兵器)를 싣고, 이르는 곳의 사졸(士卒)을 겁탈(劫奪)하여, 하루아침에 북적(北狄)에 도망하여 들어간다면, 다른 날에 변경의 근심을 당할 수 없는 자가 있을 것이니 전하는 어찌 근심하지 않으십니까?

신이 망령되이 이르거니와 이제 장수가 된 자는 바로 부귀(富貴)를 극진하지 않음이 없는데, 죽고 사는 것을 두려워하여 두류(逗遛)하고 진격하지 않으며, 하는 것 없이 지구(持久)하고, 서로 이르기를, '이제 하월(夏月)을 당하여 궁력(弓力)이 해이하기 쉽고, 빗물이 바야흐로 막히고, 산천이 험조(險阻)하며, 초목이 무성하니, 경솔하게 진격할 수 없으며, 또 경솔하게 싸울 수도 없다.'고 합니다.

달리는 알지 못합니다마는, 우리만 홀로 여름을 당하고 저는 홀로 당하지 않으며, 우리만 홀로 궁력(弓力)이 해이하여지고 저는 홀로 해이하지 않으며, 우리만 홀로 빗물에 막히고 저는 홀로 막히지 않으며, 우리만 홀로 산천이 험하고 저는 홀로 험하지 않겠습니까?

비유하건대 두 쥐가 굴속에서 함께 다투면 힘이 있는 자가 이기는 것입니다. 전하께서는 어찌 급하게 장사(將士)로 하여금 날을 정하여 전쟁하여서 재화가 깊지 않은 때를 막지 않으십니까?

손무(孫武)는 말하기를, '병법은 졸속(拙速)함은 들었어도 공교하게 오해하는 것은 보지 못하였다.' 고 하였으니, 대저 옛 사람의 용병(用兵)하는 것은 모두 인의(仁義)로서 몸[體]을 삼고, 권술(權術)로써 용(用)을 삼으며, 더욱 귀중하게 여기는 자는 신속(神速)하게 하는 것뿐입니다.

이제 장사(將士)가 두류(逗遛)하고 진격하지 않는 것은, 신은 그것이 옳은지 알지 못하겠습니다. 공자(孔子)가 말하기를, '사람으로서 말을 폐기하지 말라.' 고 하였습니다.

엎드려 생각하건대, 전하께서는 신을 미천하다 하여 폐하지 마소서. 신은 비록 미천(微賤)하더라도 또한 한 모퉁이에 서서 스스로 싸움을 하여 쾌(快)하게 이시애의 머리를 참(斬)하여 바칠 수 있기를 원합니다.”

임금이 글을 보고 경탄(驚嘆)하며 윤필상(尹弼商)을 불러 그 글을 읽게 하고, 이어서 전교하기를, “이 글은 내 뜻에 매우 합당한 진실로 기특한 재목이다. 내 장차 임용(任用)하여서 그 옳은 것을 시행하리라." 하고 명하여 음식을 먹게 하였다.

유자광은 전 부윤(府尹) 유규(柳規)의 얼자(孼子)이니, 효용하고 민첩하여 기사(騎射)를 잘하고, 서사(書史)를 알며, 문장을 잘하였고, 일찍이 큰소리를 하여 기개(氣槪)를 숭상하였다.

일개 궁궐지기 유자광이 올린 상소문이 어찌 세조를 그리도 경탄케 했을까!

후세의 많은 사람들이 이 상소문 하나로 유자광이 세조의 마음에 들어 벼슬길에 올랐다고 폄하하지만, 화평을 맺기 위한 조약문을 바치는 것도 아니고, 토벌군으로 이시애의 머리를 참해 바치기를 바란다는 것이 실력을 갖추지 않은 자라면 어찌 감히 함부로 말할 수 있는 일이었겠는가!

그 당시 왕에게 올리는 상소는 목숨을 내놓고 하는 일이었다. 또한 조정에 무수히 많은 장수들이 있는데 유자광이 한 번 허세를 부려 세조를 감쪽같이 속였다고 생각한다면 세조를 몰라도 너무 모르고 하는 말이다.

유자광이 "항상 변야에서 공을 세우고 나라를 위하여 한 번 죽으려고 하였다."는 의지와 "만약 즉시 토평하지 못하면 이시애로 하여금 극진한 흉악을 방자하게 하고, 날을 허비하여 주륙을 머물면 함길도 수십 주(州)의 죄 없는 백성이 진실로 가련하게 된다."고 하는 것이 왕에게 아첨하기 위한 말이었겠는가?

실록에 기록된 바와 같이 유자광이 기개를 숭상한 자라면 백성을 가련하게 여기고, 국가를 위하여 죽겠다는 마음은 당연한 일이었을 것이다.

상소문을 본 다음 날 세조가 유자광을 불러 토벌하는 책략을 묻는 자리를 마련하였다.

세조 13년(1467년, 정해년) 6월 15일(무신)
학인에게 업을 강하게 하고, 민발 등에게 이시애를 토벌할 책략을 아뢰게 하다

강녕전(康寧殿)에 나아가니, 고령군(高靈君) 신숙주(申叔舟), 능성군(綾城君) 구치관(具致寬), 영의정(領議政) 심회(沈澮), 좌의정(左議政) 최항(崔恒), 우의정(右議政) 홍윤성(洪允成), 우찬성(右贊成) 윤자운(尹子雲), 우참찬(右參贊) 김국광(金國光), 중추부 지사(中樞府知事) 김수온(金守溫)과 육조(六曹) 당상(堂上), 승지(承旨) 등이 입시(入侍)하였다. 겸예문유신(兼藝文儒臣), 성균관(成均館) 유생(儒生)의 모든 학인(學人)에게 소업(所業)을 강(講)하고, 이어서 민발(閔發), 유자광을 불러 이시애를 토벌하는

책략을 진달하게 하니,

유자광이 대답하기를, "가령 신에게 정병(精兵) 3백을 주시면, 이시애의 목을 매어서 대궐 아래에 초치할 수 있겠습니다. 함길도의 백성이 모두 이시애의 그르친 바가 되어, 시비(是非)를 알지 못하고 미연(靡然)히 따르니, 만약 먼저 유서(諭書)를 내려 효유(曉諭)하면 백성이 반드시 역적을 버리고 효칙(效則)하여 순종할 것입니다. 어찌 반드시 대중을 움직여 험조(險阻)한 땅에 나아가게 하겠습니까?"

임금은 웃으시고 명하여 술자리를 베풀고, 극진히 즐기고는 파하였다.

유자광은 영의정을 비롯한 여러 신하들 앞에서 면접을 치렀다. 평시도 아니고 마음이 편찮은 전란 중에 임금이 웃으면서 술자리를 베풀고, 극진히 즐겼다고 실록에 기록되었으니 세조가 사람을 잘못보지 않았다면 분명 유자광이 평범치는 않았음을 보여주는 대목이다.

정병 300명을 주면 이시애의 목을 매어 대궐 아래에 초치할 수 있다고 말하는 것이 허풍만은 아니었을 것이다.

유자광은 왕의 친위대인 겸사복이 되었는데 세조는 유자광의 효용이 남보다 뛰어나다는 것을 듣고 친히 불러 시험하였다.

세조 13년(1467년, 정해년) 6월 30일(계해)
유자광의 효용을 시험하다

임금이 유자광의 효용(驍勇)이 남보다 뛰어나다는 것을 듣고 불러 시험하니, 한 번 뛰어서 섬돌 수급(數級)을 지나고, 또 능히 큰 기둥나무[大柱]를 잡고서 오르기를 원숭이가 나무에 오르는 것 같으니, 임금이 겸사복(兼司僕) 등을 돌아다보고 이르기를, "너희들에게 유자광과 같이 할 수 있는 자가 있으면, 또 시험하는 것이 좋겠다."고 하였다.

나이 29세에 임금 앞에 나아가 한 번 뛰어서 섬돌 수급을 지나고, 큰 기둥나무 오르기를 원숭이 같이 했다 하니 이는 항상 단련하고 준비한 자의 자세가 아니면 어려웠을 것이다.
문(文)을 잘하면 무(武)를 잘하기 어렵고, 무를 잘하면 문을 잘하기가 쉽지 않은데 유자광은 문무를 모두 통달했던 것은 아니었을까?

02 낭관

그 해 8월에 이시애의 난이 평정되자 세조는 유자광을 정5품인 병조 정랑에 임명하였으나, 조정의 대신들은 유자광이 첩의 아들이고 문무과 출신이 아니라는 이유로 반대했다.

그러나 세조는 유자광의 업적을 인정하여 그를 낭관에 임명하니 서얼이 육조의 낭관이 된 것은 조선 왕조 최초의 일이었다.

세조 13년(1467년, 정해년) 9월 22일(갑신)
지평 정효항 등이 서얼인 유자광의 낭관 임명이 불가함을 아뢰다

지평(持平) 정효항(鄭孝恒)이 본부(本府)의 의논을 가지고 아뢰기를, "정조(政曹)는 소임이 가볍지 아니하니 반드시 벌열(閥閱)로서 재행(才行)이 있는 자를 골라서 써야 할 것이고, 또 구례(舊

例)에도 문무과(文武科) 출신이 아닌 자는 임명하지 않았습니다.

유자광은 바로 유규(柳規)의 서자[孼子]인데, 특별히 종군하는 데 작은 공로가 있다고 하여 갑자기 병조(兵曹) 정랑(正郞)에 임명하였습니다.

지금 유자광의 가문 출신은 첩(妾)의 아들로서 재행이 부박(浮薄)하고 용렬한데, 비록 허통을 받았다고 하더라도 또 과목(科目) 출신도 아닙니다.

지금 귀천(貴賤)을 논하지 아니하고 현부(賢否)를 살피지 아니하고, 구례를 돌아보지 아니하고, 어제에 허통(許通)하였다고 오늘에 정랑으로 삼는다면, 신은 마땅치 않을까 합니다. 이미 다른 관직도 유자광의 작은 공로에 합당할 만한 것은 없습니다." 하니,

전지(傳旨)하기를, "너희들 가운데 유자광 같은 자가 몇 사람이냐? 나는 절세(絶世)의 재주를 얻었다고 생각하니, 다시 말하지 말라. 또 너희들이 허통한 지 오래 되지 아니하였다고 핑계하나, 얼마 정도의 세월이 지나야만 오래되는 것인가?" 하였다.

정효항이 대답하기를, "유자광의 몸은 서자인데, 만약 그 자손에 이르러 지난 세월이 이미 오래 되면 임명하여도 가합니다. 유자광의 마음과 뜻은 탁월하게 뛰어나 용렬한 자와 비교가 아니되지만, 그러나 전후를 돌아보지 아니하면 항상 도에 넘치는 일

이 있습니다." 하였다.

서얼(庶孼)이 육조의 낭관(郞官)에 임명된 것은 유자광으로부터 시작되었다.

세조가 신하들의 낭관 임명 불가에 대하여 유자광을 평가하기를 "너희들 가운데 유자광 같은 자가 몇 사람이냐? 나는 절세의 재주를 얻었다고 생각하니, 다시 말하지 말라."고 했다.

유자광의 낭관 임명이 부당하다고 여러 차례 상소가 올라오자 세조는 "내가 유자광을 허통하는 것은 특별한 은혜인데 나의 특별한 은혜를 너희가 능히 저지하겠는가? 임금을 섬기되 너무 자주 간하면 욕이 되는 것이고, 친구와 사귀되 너무 자주 간하면 멀어지는 것이다. 혹시라도 다시 말하면 내가 반드시 죄줄 것이니, 너희는 다시 말하지 말고 술이나 마시고 물러가는 것이 가하다."라고 엄명했다.

이시애의 난을 평정한 다음 해 세조는 세자와 함께 온양으로 거둥하는데 유자광은 총통장이 되어 세조를 따라갔다.

세조는 그곳에서 별시를 치르고 유자광을 문과 1등으로 합격시키고 정3품인 병조 참지에 임명했다.

첩의 아들인 유자광을 과거 시험에 나아가게 한 세조의 특별한 배려가 엿보인다.

세조 14년(1468년, 무자년) 2월 15일(병오)
낙방한 유자광의 대책을 1등으로 하다

 고령군 신숙주가 문과(文科) 초시(初試)에 합격한 대책(對策) 3도(道)를 올렸는데, 병조 정랑 유자광의 대책이 낙방한 시폭(試幅) 속에 있는 것을 임금이 명하여 뽑아 오게 하여 보고 말하기를, "유자광의 대책이 좋은 것 같은데, 어찌하여 합격시키지 않았느냐?" 하니,
 신숙주가 말하기를, "대책 속에 고어(古語)를 전용(全用)한데다 문법도 또한 소홀하여, 이 때문에 합격시키지 않았습니다." 하므로,
 임금이 말하기를, "비록 고어를 썼다 하더라도 묻는 본의에 어그러지지 않았다면 의리에 해로울 것이 없지 않겠는가?" 하고, 이에 유자광을 1등으로 삼고, 유상(柳常), 정현조(鄭顯祖)를 2등으로 삼고, 이평(李枰)을 3등으로 삼았는데, 유자광은 첩의 아들로서 시험에 나아가게 하여 특별히 상등의 급제에 두고 즉시 병조(兵曹) 참지(參知)를 제수하니, 조정의 의논이 자못 놀라워하였다.
 그때에 신종군(新宗君) 이효백(李孝伯)이 무거(武擧)에 응시하였다가 기사(騎射)에 합격하지 못하고 상언(上言)하기를, "신(臣)

은 3혁(革)을 연발하고 4혁(革)에 이르지 못하고 등자(鐙子)의 가죽이 끊어져서, 말에서 떨어질까 두려워서 다시 쏘지 못하였으니, 청컨대 다시 시험하게 하소서." 하니,

 어서(御書)로 이르기를, "뜻 있는 자는 반드시 견고하게 장식하고, 말 잘 타는 자는 말에서 떨어지지 않는 것이다. 스스로 내가 취한 것인데, 또 무슨 말을 하느냐?" 하였다.

 신종군 이효백은 정종의 손자로 세조의 6촌 동생인데 왕족으로서 말에서 떨어질까 염려하다가 기사에 떨어진 것이 창피하였을 것이다.
 그래서 한 번 더 시험 보게 해달라고 형님인 세조에게 청을 넣었는데, 그 간청을 단호하게 거절한 것을 보니 세조는 인정에 의해서 일을 처리하는 군주는 아니었던 것 같다.

03 유자환

유자광의 형 유자환은 유규의 첫째 부인 여산 송씨의 아들인데 일찍이 어머니를 여의고, 어머니의 몸종이었지만 후에 아버지의 첩이 되었던 유자광의 생모 손에서 자란 듯싶다.

조선왕조실록의 '유자환의 졸기'에 의하면 "평생 동안 생것과 찬 것을 먹지 아니하여 기열이 있어서 코피를 흘려 빈사상태에 이르렀어도 찬 것을 가까이 하지 않았다."라고 기록되어 있는 것으로 보아 30세 전후의 젊은 나이에 죽은 어머니의 체질을 닮은 것 같다.

1451년(문종 원년)에 문과에 급제한 유자환의 당초 이름은 유자황이었으나 예종의 이름 황으로 인하여 환으로 개명하였다.

문과 급제 전후로 하여 재상 윤형의 딸과 결혼하였으나 후사가 없었다.

세조와는 특별한 만남이 있어 '송백과 같은 절조가 있는 자'라는 칭찬을 들은 바가 있는데 그 기백은 할아버지와 아버지의 성품을 닮은 것 같다.

세조 13년(1467년, 정해년) 2월 25일(신유)
기성군 유자환의 졸기

오성군(筽城君) 유자환(柳子煥)이 졸하였다. 유자환은 영광(靈光) 사람으로서 처음 이름은 유자황(柳子晃)이었는데, 예종(睿宗)의 휘(諱)를 피하여 지금의 이름으로 고쳤다.

신미년(1451년) 문과에 등제(登第)하여 임신년(1452년)에 승정원(承政院) 주서(注書)에 제배(除拜)되었는데, 이때에 세조(世祖)가 내난(內難)을 평정(平定)하고 모든 군사를 호령(號令)하니,

유자환이 승지(承旨) 박원형(朴元亨)을 보고 말하기를, "국가의 대사(大事)는 군사에 있는 것인데, 왕자가 어찌하여 전장(專掌)할 수 있는가? 오늘날의 일은 승정원에서 마땅히 병조(兵曹)와 더불어서 함께 의논해 행하여야 된다." 하여 좌우의 사람들이 매우 두려워하였다.

세조가 이 말을 듣고 웃으며 말하기를, "주서가 사기(事機)를 알지는 못하나 그 말이 비범(非凡)하다." 하고 큰 그릇으로 여겼

고, 마침내 정난공신(靖難功臣)에 참여하게 되었다.

세조가 일찍이 말하기를, "유자환이 정난(靖難)할 때에 나에게 이르기를, '마음대로 군사를 소집할 수 없다.'고 하였으니, 가히 송백(松栢)과 같은 절조(節操)가 있는 자라 이를 만하다." 하였다.

이 첫머리에 나오는 영광 사람이라는 표현은 본관이 영광이라는 의미이거나 잘못된 기록으로 판단되는데, 그것은 이시애의 난으로 인한 유자광의 상소문에 나타난 바와 같이 이미 남원에 살고 있었기 때문이다.

유자환은 여러 벼슬을 거쳐서 동부승지와 도승지에 이르렀다가 곧 이조 참판에 제수되고 기성군에 봉하여졌다.

그 후 사헌부 대사헌을 역임하였으며, 전라도 관찰사로 외방에 나갔다가 임기가 만료되지 않았는데 소환되어 자헌대부에 승격되었으나 삼십 대 말이나 사십 대 초쯤으로 보이는 1467년 2월에 죽었다.

특이할 만한 것은 유자환은 이시애의 난이 일어나기 3개월 전에 죽음으로써 유자광의 상소문 및 낭관 임명과는 전혀 관계가 없다는 것이다.

물론 유자광이 유자환의 서제였으므로 은연중 죽은 형의 덕을 볼 수는 있었겠지만 그것은 지나친 억측이다.

유자환은 세조 5년에 동부승지, 세조 6년에 우부승지와 좌부승지, 세조 7년에 우승지를 거쳐 좌승지, 세조 8년에는 도승지가 되었다가 이조 참판이 되었고, 오성군으로 봉하여졌다.

세조 9년에는 대사헌이 되었는데 죽기 전해인 세조 12년에 전라도 관찰사로 나간 것으로 보았을 때 유자환은 세조의 신임이 대단했던 것 같다.

유자광은 아버지 규의 나이가 39살이고, 어머니 보령 최씨가 30살이던 1439년에 태어났는데 유자환과 열 서너 살의 나이 차이가 있었던 것 같다.

유자환이 임종할 때에 서제이며 갑사인 유자광에게 부탁하기를, "내가 어렸을 때 돌아가신 어머니를 개장(改葬)하려고 하였으나 하지 못하였으니 다시 무슨 말을 하겠느냐? 내가 죽은 뒤에 나를 선조(先祖)의 무덤 곁에 장사지내고, 돌아가신 어머니를 이안(移安)하면 내가 죽어서 눈을 감을 것이다." 라는 말을 마치고 죽었으니 형제간 우애는 나쁘지 않았던 것 같다.

남원에 전래되는 구전에 의하면 유자광이 생모가 죽자, 형 자환이 과거 준비를 하는 암자를 찾아가 자환의 모친이 돌아가셨다고 거짓으로 아뢰고 형을 업어서 요천을 건너다 장마로 불어난

물 가운데에서 자신의 생모가 죽었다고 알리고 상주를 해주지 않으면 물에 빠뜨려버리겠다고 겁박해 상주 노릇을 시켰다고 한다.

이러한 구전은 잘못된 것이다. 조선왕조실록에 의하면 유자광의 모친 보령 최씨는 유자환이 죽은 뒤 27년이 지나 유자광이 55세로 황해도 체찰사를 지낸 1494년(연산 즉위년)에 85세로 죽었기 때문이다.

유자광은 방과 진이라 하는 두 아들을 두었는데, 큰 아들인 방을 유자환의 후사로 삼았으나 이를 두고 조정에서는 논란이 일어났다.

연산 9년(1503년, 계해년) 1월 5일(계유)
사간원이 유방을 춘추관에 겸직하는 것이 부당함을 논박하다

사간원이 좌랑(佐郞) 유방(柳房)을 춘추관(春秋館)에 겸직(兼職)하는 것이 적합하지 못하다고 논박하니, 이 일을 의논하기를 명했다.

윤필상(尹弼商)이 의논드리기를, "유방은 이미 유자환의 후사(後嗣)가 되었으니, 후사가 된 사람은 그 아들이 되는 것이므로 유자광의 계사(系嗣)는 아니니 비록 춘추관에 제수하더라도 무슨 구애가 있겠습니까?"

이미 감찰을 지내던 유방을 춘추관에 겸직시키는 것이 부당한 일이냐, 아니냐를 조정에서 논의했던 것이다.

유방의 친부 유자광이 무령 부원군으로 그 세도가 대단한 시절임에도 서출의 자손이기에 춘추관 겸직이 불가하다는 것이고, 다른 편의 주장은 그가 유자환의 후사이기에 문제가 없다는 것이다.

유자환의 졸기에 의하면 "유자환은 관후하고 아량이 있었으며, 아랫사람에게 겸손 공근히 하고, 사람을 접할 때에 정성스럽게 하여 사람들이 명예를 훼손시키는 일이 없었다." 라고 기록되어 있다.

또한 "시호를 문양(文襄)이라 하였으니, 충신하고 남을 사랑하는 것을 문(文)이라 하고, 일로 인하여 공이 있는 것을 양(襄)이라 한다."고 하였다.

04 남이 장군

 남이 장군은 의령 남씨로 고려 문신으로 밀직부사를 지낸 남을번의 큰 아들 남재의 4대 손이다.

 남재의 형제들은 이성계를 도와 조선조의 1등 개국 공신이 되었으나 둘째인 남은은 왕자의 난 때 이방원에게 주살되었다. 남재는 후일에 태종의 측근으로 우의정이 되었다.

 남재의 아들 경문은 아들 셋을 남기고 26살의 젊은 나이로 요절했다. 손자 휘는 할아버지 덕으로 태종의 딸 정선공주와 결혼해 아들 빈을 낳았으나 빈도 역시 장수하지 못하고 그의 아들 남이가 13살 되던 해에 죽었다.

 남이의 할머니는 태종의 딸이고, 남이의 아버지는 세조와 사촌으로 남이는 세조의 조카이며, 예종과는 6촌간이다.

 남이 장군은 남양 홍씨인 홀어머니의 보살핌을 받으며 자랐으며, 20살의 나이인 1460년(세조 6년)에 무인들을 등용하기 위해

실시한 경진무과에 급제하여 관직에 올랐다. 1466년(세조 12년)에 실시된 발영시에도 급제하였다.

계유정난으로 왕위에 오른 세조는 남이와 귀성군 이준 등 젊은 종친들을 중용하여 원로대신들을 견제하려 했다.

남이는 1467년(세조 13년) 김용달과 함께 포천, 영평 일대 도적떼의 토벌을 지휘했고, 그 해 이시애의 난이 일어나자 이준이 도총사가 되어 이끈 토벌군에 군관으로 참여했다.

진북장군 강순의 휘하에서 선봉장으로 활약하여 북청 전투에서 공을 세웠고, 그 일로 행 부호군이 되었으며 당상관으로 임명되었다.

이시애의 난을 평정한 후에는 행 호군이 되어 종성에 주둔하며 온성, 경원, 경흥 등의 고을을 다스렸으며, 군공을 인정받아 적개공신 1등으로 포상되고 중추부 동지사가 되었다.

명의 요동군이 남만주 일대에 거주하는 건주여진을 토벌하기 위해 조선에 파병을 요청해오자 강순, 어유소와 함께 윤필상이 이끄는 북벌군에 참여하여 공을 세우기도 했다. 그해 음력 12월, 27세의 나이로 공조 판서가 되었으며, 왕궁의 호위를 담당하는 겸사복장의 지위를 겸하였다.

이시애 난을 평정한 다음 해 5월에 서현정에서 열린 연회에서

술에 취해 세조에게 이준만을 편애한다고 실언을 해서 의금부의 감옥에 갇혔다. 그리고 다음날 풀려났으며 겸사복장의 지위에서 파직되었다.

세조 14년(1468년, 무자년) 5월 1일(경신)
서현정에 나아가 사후하는데 실언한 남이를 옥에 가두다

　서현정(序賢亭)에 나아가 명하여 보산군(寶山君) 오자경(吳子慶), 이조 참판 이숙기(李淑琦), 공조 판서 남이(南怡), 신종군 이효백, 운수군(雲水君) 이효성(李孝誠), 제천군(提川君) 이온(李蒀), 부윤부수(富閏副守) 이효숙(李孝叔), 병조 참의 김손(金孫), 참지(參知) 유자광 등에게 사후(射侯)하게 하니, 남이는 활 잘 쏘는 김연근(金連根), 신정보(辛井保) 등을 천거하고 유자광은 최강(崔岡)을 천거하므로, 또한 명하여 불러서 쏘게 하였는데, 최강이 많이 맞추어서 활 1장(張)을 내려 주었다. 또 내구마(內廐馬) 1필(匹)을 내어서 다시 쏘아서 많이 맞춘 이숙기를 위하여 명하여 주게 하였다.
　남이는 일찍이 대장(大將)이라 자칭하며 한때 무사(武士)를 멸시하였는데, 이날은 여러 번 쏘아도 맞추지 못하므로 임금이 웃었다.

그때에 세자(世子)와 아종(兒宗), 상당군(上黨君) 한명회(韓明澮), 좌찬성(左贊成) 김국광(金國光), 승지 등이 입시(入侍)하여 술자리를 베푸는데, 남이가 취(醉)하여 나와서 말하기를, "성상께서 귀성군(龜城君) 이준(李浚)을 지나치게 사랑하시니, 신은 그윽이 그르게 여깁니다." 했다.

임금이 말하기를, "귀성(龜城)은 지친(至親)이고 또 큰 공이 있으니 귀성을 사랑하지 아니하고 누구를 사랑하겠느냐? 너의 말은 반드시 정실이 있으니 누구와 함께 의논하였느냐?"하였다.

남이가 대답하기를, "다른 사람과 의논하지 않았습니다."하니, 임금이 김국광에게 명하여 남이를 끌어내다 의금부의 옥에 가두게 하였다.

남이 장군과 동갑내기인 귀성군 이준은 세조의 친 조카로 세종의 4남 임영대군의 둘째 아들로서 25세이던 1465년에 과거에 급제하고, 이듬해 도총관이 되어서 남이와 함께 이시애의 난을 진압하는 총사령관에 임명되었다.

1467년에는 이시애의 난을 진압한 공로로 27세의 나이로 병조판서에 제수되었으나, 그 해 남이에게 그 직을 넘기고 1468년 음력 7월에 28세의 나이로 영의정이 되어 세조의 총애를 받았다.

그 해 7월, 남이 장군은 공조 판서와 오위도총부 도총관의 지위를 겸하게 되었으며, 8월에는 병조 판서로 삼았지만 한계희 등 대신들의 반대로 9월에 병조 판서의 자리에서 물러나 다시 겸사복장이 되었고, 조부와 마찬가지로 의산군으로 봉해졌다.

남이 장군은 세조 때에 좌의정을 지낸 권람의 딸과 결혼하여 남구을금(南求乙金)이라는 딸을 낳았으나 일찍 사별했다.

고성 이씨와 다시 혼인했으나 고부간에 갈등이 심하여 1468년(세조 14년) 왕에게 아내와의 이혼을 허락받았다.

남이 장군은 1818년(순조 18년) 음력 3월 10일에 우의정 남공철의 청에 따라 강순과 함께 사면되어 관작이 복구되었으며, 1910년(순종 3년)에는 '충무'의 시호가 추증되었다.

경기도 화성시 비봉면 남전리에 남이의 묘소로 전해지는 남이 장군 묘가 있고, 강원도 춘천시 남산면의 남이섬에도 그의 가묘와 추모비가 있다.

05
남이의 역모 사건

세조가 죽고 1468년에 예종이 즉위하였으나 이성계가 조선을 세운 지 70여 년밖에 되지 않았고, 그동안 태종 이방원의 형제의 난뿐만 아니라 세조의 계유정난 등으로 왕권은 도덕성에 상당히 흠이 생겼다. 또한 이시애의 난 등으로 민심도 그리 좋지 않았다.

왕권이 확고하지 않은 것은 여러 징후에서 확인할 수 있지만 특히 종친으로 세조가 아끼고 사랑했던 30살의 젊은 나이인 귀성군 이준의 역모 사건이다.

세종의 손자이며, 세조의 친 조카인 귀성군 이준을 최세호가 귀성군이 왕의 재목이라고 한 것을 정인지가 역모로 엮어 1470년 1월에 최세호와 권맹희는 죽임을 당하였고, 귀성군 이준은 유배되었다. 남이 장군과 동갑내기로 약관 28세에 영의정을 지냈던 이준은 39살의 젊은 나이로 유배지에서 죽었다.

남이 장군에 대하여는 연려실기술, 청야만집, 대동기문 등에 여러 자료가 전해지고 있으며, 죽음에 대한 여러 구전설화가 전국에 걸쳐 알려지고 있는데 그중 하나인 남이 장군 자작시를 한번 보자.

白頭山石磨刀盡(백두산석마도진)
백두산의 돌은 칼을 갈아서 없애고
豆滿江水飮馬無(두만강수음마무)
두만강의 물은 말을 먹여서 없애리
男兒二十未平國(남아이십미평국)
사나이 이십에 나라를 평정치 못하면
後世誰稱大丈夫(후세수칭대장부)
후세에 누가 대장부라 이를 것인가

'남아이십미평국'을 '남아이십미득국'으로 '평'을 '득'으로 바꿔 남이가 왕이 되고 싶어했다고 유자광이 모함하여 남이를 역적으로 몰아 죽였다는 설이다.
　실제로 남이는 의산위(宜山尉) 휘(暉)의 아들이고, 태종의 외손이라는 명문가에서 태어났음에도 설화에서는 그와 같은 신분이 전혀 고려되지 않고, 남이의 죽음을 억울한 것으로 인식해 온 설화 향유층의 동정에서 기인한 것으로 보인다.

　이러한 이유 때문에 그의 죽음을 납득할 수 없는 향유층은 실제 행적과 상관없이 남이를 뛰어난 재능을 가졌지만 간신배의 횡포로 좌절당하는 민중적 영웅으로 이해하고, 그와 맥락을 같이하는 설화 유형으로 형상화시켰다. 이러한 민간 신앙은 '남이 장군신'으로 신격화되기도 했다.

　과연 남이 장군의 역모의 실체는 무엇일까? 무슨 일이 있었기에 예종은 즉위년에 6촌 형뻘인 태종의 딸인 정선공주의 손자를 죽이고, 그도 모자라 정선공주의 며느리인 남이의 어머니까지 찢어 죽이는 참형을 감행한 것이었을까?

　예종 즉위년(1468년, 무자년) 10월 27일(계축)
　반역을 꾀한 강순, 남이 등을 환열시키고 7일 동안 효수하다

　임금이 창덕궁(昌德宮) 숭문당(崇文堂)에 나아갔다. 밀성군 이침(李琛), 영순군 이부(李溥), 영의정 이준(李浚), 하성군 정현조(鄭顯祖), 고령군 신숙주(申叔舟), 상당군 한명회(韓明澮), 중추부 영사 심회(沈澮), 좌의정 박원형(朴元亨), 창녕군 조석문(曹錫文) 등과 도총관(都摠管), 승지(承旨), 대간(臺諫), 사관(史官) 등이 입시하였다.

교위(校尉)로 하여금 남이를 뜰에 나치하게 하고, 도총관 홍응(洪應), 도승지 권감(權瑊)에게 명하여 묻게 하니,

　남이가 대답하기를, "신이 어려서부터 궁마(弓馬)를 업(業)으로 삼아, 만일 변경에 일이 있으면 먼저 공을 세워 국가를 돕는 것이 신의 뜻입니다. 신은 본래 충의지사(忠義之士)입니다."하였다.

　임금이 말하기를, "네가 '충의지사'라고 일컬으면서 어찌하여 성복(成服) 전에 고기를 먹었느냐?"하니,

　대답하기를, "병이 들었기 때문에 먹었습니다." 하였다.

　임금이 반역(反逆)한 이유를 묻게 하니 남이가 사실대로 대답하지 아니하므로, 이에 곤장을 때렸더니 남이가 큰 소리로 말하기를, "원컨대 우선 천천히 하소서. 신의 꾀한 일을 말하자면 깁니다. 원컨대 한 잔 술을 주시고 또 묶은 끈을 늦추어 주면 하나하나 진달하겠습니다." 하므로 명하여 술을 내려 주고 묶은 끈을 늦추게 하니,

　남이가 말하기를, "신이 과연 반역을 꾀하고자 하였습니다. 유자광과 더불어 이야기한 말이 모두 옳습니다."

　신하된 이성계가 고려를 무너뜨리고 왕위에 올랐고, 조선 왕조 이후에도 왕위 계승의 정통성이 없었기에 실력이 있으면 누구든

지 왕위를 넘볼 수 있는 그러한 시대였다.

　남이가 예종 앞에서 스스로 반역을 꾀하였다고 말한 사실을 실록은 기록하고 있다.

　예종은 19살에 즉위하여 13개월 동안 나라를 다스렸는데 직전수조법을 제정하여 둔전의 민경(民耕)을 허락하였다.

　또한 세조의 총애를 받았던 무관이자 병조 판서였던 남이를 겸사복장으로 강등시키며 왕권을 강화하기 위한 조치를 단행했다.

　예종은 비록 어린 나이에 등극하였지만 법치주의에 입각한 강력한 왕권을 만들고자 매우 엄격한 통치를 지향했으며, 선왕의 치적에 힘입은 훈구파 세력과 대립하여 개혁정책을 펼치고자 하였다.

　하지만 이런 그의 의도는 신숙주, 한명회를 중심으로 한 훈구파의 견제를 받았으며, 모친인 정희왕후마저 예종을 지지하지 않았다.

　강력한 왕권을 추진하다 의문사 했는데 훈구파에 의해 독살되었다는 설도 있다.

　남이 장군은 1468년(예종 원년) 10월 병조 참지 유자광의 고변으로 역모의 혐의를 받았고, 그 해 음력 10월 27일에 강순, 변영수, 변자의, 문효량 등과 함께 저자에서 거열형으로 처형되었다.

　그의 어머니도 다음날 거열형으로 처형되었으며, 딸은 한명회의 노비가 되었으나 이듬해 외조부인 권람의 공이 참작되어 사면되었다.

예종 즉위년(1468년, 무자년) 10월 28일(갑인)
공신의 호칭을 3등으로 나누어 정하고 남이의 어미를 환열시키다

또 아뢰기를, "남이의 어미는 국상 성복(成服) 전에 고기를 먹었고, 그 아들이 대역(大逆)을 범하였으며, 또 천지간(天地間)에 용납할 수 없는 죄가 있으니, 청컨대 극형에 처하소서." 하니, 명하여 저자에서 환열(轘裂)하게 하고, 3일 동안 효수(梟首)하게 하였으니, 남이가 증(烝)한 때문이다.

역사는 남이가 어머니를 증(烝)했다고 기록하고 있으니, 증이라 함은 상피 붙는 것을 말하는데 이것을 과연 어떻게 받아들여야 할지 모르겠다.

06
의령 남씨 부인

고려말의 신하였던 유면의 아들인 유두명은 유자광의 조부인데 조선의 문신으로 1392년(태조 1년) 장무낭사를 지내고, 1398년 교서감을 역임하였다.

유두명은 교서감으로 있을 때에 옥에 갇혔다가 밀양 부사로 좌천되어 간 일이 있는데, 이는 그의 성격이 곧아 곧은 말을 하였다가 생긴 일이다.

태종 1년(1401년, 신사년) 1월 26일(병술)
좌산기상시 이복시 등이 대사헌 김약채, 중승 전순 등을 탄핵하는 상소

문하부낭사 좌산기상시(左散騎常侍) 이복시(李復始) 등이 김약채(金若采), 전순(全順)을 탄핵하여 상소하였다.

"상(賞)과 벌(罰)은 정치를 하는 큰 근본이어서 삼가지 않을 수 없습니다. 상벌이 법이 없다면 어떻게 권하고 징계하겠습니까?
 지금 밀양 부사(密陽府使) 유두명(柳斗明), 지양 주사(知襄州事) 이관(李灌), 황주 판관(黃州判官) 안종약(安從約) 등은 헌관(憲官)으로서 대사헌(大司憲) 김약채(金若采), 중승(中丞) 전순(全順)이 장무(掌務)의 득죄한 것을 돌아보지 않고 공공연하게 일을 보는 모양과 완산 판관(完山判官) 허조(許稠)가 잡단(雜端)으로서 두 번이나 임금의 명령을 욕되게 하고도 임연(任然)히 출사(出仕)하는 까닭과 이비(李丕), 문천봉(文天奉)이 소사(所司)를 능범(凌犯)한 죄를 들어서 소(疏)로 갖추어 아뢰었으니, 그 말이 곧아서 실로 도리에 합(合)하온데, 전하께서 곧 유윤(俞允)하지 않으시고 도리어 폄출(貶黜)을 가하여 모두 외임(外任)으로 제수하시었으니, 이것은 인신(人臣)으로 하여금 직기(直氣)가 꺾이어, 비록 말할 일이 있더라도 우물쭈물하여 감히 진언(進言)하지 못하게 할 것입니다.
 신들이 전하의 구언(求言)의 교서(敎書)를 보니 재앙을 없애는 도를 닦고자 하면 마땅히 곧은 말을 구하여야 한다는 말씀이 있었사온데, 얼마 아니 되어 유두명 등이 곧은 말로써 폄출을 당하였으니, 초정(初政)에 사람에게 신(信)을 보이는 뜻에 어떠하며, 착한 것은 상주고 악한 것은 벌주는 도(道)에 어떠합니까?

엎드려 바라옵건대, 전하께서는 유두명, 이관, 안종약 등을 현질(顯秩)에 두고 아뢴 일을 유윤(俞允)하여 시행하시어 상벌을 밝히시면, 공도(公道)에 다행이겠습니다."

임금이 윤허하지 아니하였다. 낭사(郎舍)가 물러가 헌사(憲司)의 소(疏)를 가져다가 그 말이 간관(諫官)에 관련된 것을 보고 모두 사직하였다.

임금이 복시 등을 불러 그 까닭을 물었더니 "헌사(憲司)에서 신 등이 직책을 다하지 못하였다고 하였기 때문입니다."라고 대답하였다.

유자광의 조부 유두명이 헌관으로서 김약채 등이 득죄한 것을 상소하였다가 외직인 밀양 부사로 쫓겨났는데 곧은 말을 하다가 폄출당하는 것이 부당하다는 이복시의 상소문이다.

유두명의 말이 곧았다고 실록은 기록하고 있으니 그 곧은 성격이 아들 유규와 그 자손들에게도 이어졌을 것이다.

유두명은 태종 1년(1401년) 밀양 부사를 지냈던 해에 아들 유규를 얻었다.

그는 1404년에 종3품인 사헌부 집의가 되었고, 1405년 4월부터 나주 목사를 하다가 고만 -3년 임기 만료- 전에 태종의 부름을 받아 한양으로 돌아왔다.

태종 7년(1407년, 정해년) 10월 30일(경술)
정사를 마치고 민무구를 가볍게 죄준 이유를 설명하다

편전에 좌기하여 정사를 보았다. 여러 신하가 장차 물러가려 하니 임금이 안원, 유두명을 가리키며, "다시 앉으라!" 하였다. 그때에 유두명이 나주(羅州) 목사(牧使)에서 소환되었다.

임금이 유두명에게 이르기를, "사간(司諫)은 고만(考滿)이 되어서 왔는가?" 하니, 대답하기를 "명년 4월이 고만이 되는 때인데, 지나치게 성은을 입어서 드디어 여기에 이르렀습니다." 하였다.

임금이 말하였다. "경 등이 전날 대간(臺諫)의 청을 답습하여 다시 청하기를 마지않는데, 민무구 등이 이미 불충하다는 이름이 있어, 공신의 녹권(錄券)을 회수하고 외방에 있게 하였으니, 이미 그 죄에 적당하다. 신극례는 의리를 알지 못하는 미혹(迷惑)한 사람인데, 다만 작은 아이의 묵희(墨戲)한 종이를 찢은 것뿐이니 불공(不恭)이라고 말하는 것은 가하지마는 불충(不忠)이라고 하는 것은 불가하다."

안원이 대답하기를, "옛날부터 신하 된 자의 죄가 이 세 사람의 죄보다 지나친 것이 없었습니다. 비록 친구의 자식의 묵희

(墨戱)라도 오히려 그리하지 못하겠는데, 하물며 신하가 임금의 앞에서 이렇게 패만(悖慢)한 것은 어찌 까닭이 없겠습니까? 신하로서 악한 짓을 한 것도 예전에 이와 같은 것이 없었고, 제왕(帝王)으로서 간하는 것을 막는 것도 전하 같은 분이 없었습니다." 하였다.

유두명은 대답하기를, "불충한 신하를 왕법(王法)으로 결단하여 밝게 공도(公道)를 보이면, 누가 다시 죄를 청하겠습니까? 전하께서 비록 이미 죄를 처단하였다고 말씀하시나 벌이 죄에 맞지 않기 때문입니다."라고 하였다.

태종이 신하들이 물러나려 할 때 안원과 유두명만 특별히 남게 하여 민무구를 가볍게 죄준 이유를 설명하였으나 "왕법으로 결단하여 밝게 공도를 보이면 누가 다시 죄를 청하겠느냐?"고 하면서 "벌이 죄에 맞지 않는다."고 아뢸 정도로 지나치게 강직했다.

유두명은 그 해 좌부대언이 되었으나, 12월에 아버지 유면의 죽음으로 사직했다.

태종 7년(1407년, 정해년) 12월 27일(병오)
좌부대언 유두명의 부친상에 쌀·콩·종이를 부의로 내려주다 좌부대언(左副代言) 유두명(柳斗明)의 아비의 상(喪)에 쌀, 콩 30석, 종이 2백 권을 부의로 내려주었다.

유두명은 아버지 상을 치른 이듬해인 1408년 7월에 딸 다섯과 아들 하나를 남기고 죽었다. 유자광의 아버지인 유규가 8살 되던 해였다.

태종 8년(1408년, 무자년) 7월 28일(갑술)
전 좌부대언 유두명의 졸기

전 좌부대언(左副代言) 유두명(柳斗明)이 죽으니, 부의(賻儀)로 쌀, 콩 30석과 종이 1백 권 및 관곽(棺槨)을 내려주었다.

유두명의 아내는 의령 남씨로 남을번의 여식으로 남이 장군의 고조할아버지인 남재의 여동생이며, 정숙공 유규의 어머니이고, 유자광의 할머니이다.
남을번이 아들 넷과 딸들을 낳았는데, 유두명의 아내인 의령 남씨 부인은 남을번이 45세경인 1365년 전후해서 태어난 것 같다. 큰 오라버니인 남재와는 15년 정도 나이 차이가 있었던 것으로 추정된다.

친정 조카 남경문이 아들 셋을 낳고 26세에 요절하였고, 그 자손들이 일찍 장가드는데 비하여 유두명의 처는 딸 다섯과 아들 하나를 얻었는데, 그 아들 유규가 40살에 유자광을 낳았고, 유자광은 남이보다 8살 연상이니 연대를 비교해 보면 대체적으로 맞다.

유두명의 아내 남씨 부인은 아들 유규가 무과에 급제하고 여산 송씨와 결혼하여 손자 유자환이 태어난 후 2~3년 동안 한양에 살다가 65세 전후인 1430년대 초에 남원으로 내려가 여생을 마친 것 같다.

이는 큰 딸이 송인산과 결혼하였는데, 송인산은 1412년(태종 12년) 형조좌랑을 거쳐 1415년 의금부 도사가 되었다가 사헌부 장령을 역임한 뒤 1425년(세종 7년) 사헌부 집의가 되었고, 이어 군기감정을 하였다.

그는 1426년 지사간원사를 거쳐 1427년에는 겸지형조사, 1429년에는 형조 참의, 1431년에는 좌부대언이 되었고, 세종의 총애를 받다가 1432년(세종 14년)에 40대의 나이로 죽었다.

유두명의 큰 딸은 남편 송인산이 죽자 남원 친정으로 내려와 친정어머니와 함께 살다가 죽은 것으로 여겨지는데 그 이유는 송인산이 높은 벼슬을 하였음에도 불구하고 그의 부인의 묘가 송씨 선산에 있지 아니하고 친정인 유씨 선산에 있었기 때문이다.

  남편 송인산이 죽자 큰 딸로서 일찍이 30대에 과부의 몸으로 홀로 6남매를 키우고, 고향에 내려가 있는 친정어머니가 생각났을 것이다.

  그래서 남원으로 내려와 친정어머니와 함께 살았을 것으로 추정된다. 그렇지 않았다면 어찌 그 여인의 묘가 의령 남씨 부인의 묘소 아래에 존재할 수 있겠는가!

07 정숙공

아버지 유두명이 태종 1년(1401년)에 좌천되어 밀양 부사를 지내던 해에 태어난 유규는 7살에 할아버지를 여의고, 8살에는 아버지를 여읜 채 홀어머니 슬하에서 자라다가 26살인 1426년(세종 8년) 무과에 급제하였다.

조선왕조실록의 유규 졸기에 의하면 "시호를 정숙(貞肅)이라고 했는데 절조를 굳게 하여 중심이 되어 사무를 맡아하는 것을 정(貞)이라 하고, 심지를 지켜서 결단하는 것을 숙(肅)이라 한다. 또한 아들 유자환과 측실에서 낳은 아들 유자광이 있는데, 유규가 집에서 엄숙하여 자제를 대할 때에도 반드시 관대를 갖추고 만났으며, 유자환, 유자광이 귀현하게 되었으나 언사나 용색으로 그런 표정을 지은 적이 없었고, 가는 곳마다 청렴하고 엄숙하다고 드러나게 칭찬받았다."고 했다. 얼마나 엄숙했으면 자제를 대할 때에도 반드시 관대를 갖추고 만났겠는가!

성종 4년(1473년, 계사년) 2월 10일(신미)
지중추부사 유규의 졸기

지중추부사(知中樞府事) 유규(柳規)가 졸하니, 철조(輟朝)하고 사부(賜賻)와 조제(弔祭)를 상례(常例)와 같이 하였다.

유규는 자를 경정(景正)이라 하고, 본관(本貫)은 영광(靈光)이며, 대언(代言) 유두명(柳斗明)의 아들이다.

음관(蔭官)으로 계성전직(啓聖殿直)에 보임(補任)되었으며, 선덕(宣德) 병오년(1426년)에 무과(武科)에 급제하여 관례에 따라 권지훈련녹사(權知訓鍊錄事)로 분속(分屬)되었고, 군기녹사(軍器錄事), 선공직장(繕工直長), 진주(晉州) 판관(判官), 사헌감찰(司憲監察), 황해도(黃海道) 경력(經歷), 원평(原平) 부사(府使), 평양(平壤) 소윤(少尹), 한성(漢城) 소윤(少尹)을 지냈다.

경태(景泰) 계유년(1453년) 사헌부 장령에 제배(除拜)되었다가 언사(言事)로 권귀(權貴)에게 미움받아 군기부정(軍器副正)으로 좌천되었다.

갑술년(1454년)에 사헌부 집의에 오르고, 사복시윤(司僕寺尹)으로 옮겼다가 곧 군기감정으로 옮기고, 또 판사복시사(判司僕寺事)에 올랐다.

을해년(1455년)에 첨지중추원사(僉知中樞院事)가 되고, 형조 참의로 옮기고, 황해도 관찰사로 나갔다가 병자년(1456년)에 갈려서 호조 참의에 제배되었다.

정축년(1457)에 가선대부(嘉善大夫) 경주 부윤에 올랐는데, 송자(訟者) 중에 뇌물을 쓴 자가 있으므로 노하여 형장(刑杖)을 치다가 죽인 일이 있어 드디어 좌죄(坐罪)되어 파직되니, 남원에서 살면서 오랫동안 벼슬하지 않았다.

그 아들 유자광이 익대공신(翊戴功臣)이 되자, 예종(睿宗)이 특별히 가정대부(嘉靖大夫) 행첨지중추부사(行僉知中樞府事)를 제수(除授)하였는데, 유규가 와서 사은(謝恩)한 지 한 달 남짓 만에 늙었다 하여 돌아가기를 청하니, 또 특별히 자헌대부(資憲大夫) 지중추부사(知中樞府事)를 제수하여 전리(田里)로 돌아가게 하여 그 뜻을 이루어 주고, 이어서 사는 고을에 명하여 녹(祿)을 주게 하였다. 이때에 이르러 졸(卒)하니, 나이가 73세였다.

정숙(貞肅)이라고 시호(諡號)하니, 절조(節操)를 굳게 하여 간사(幹事)하는 것을 정(貞)이라 하고, 심지(心志)를 지켜서 결단(決斷)하는 것을 숙(肅)이라 한다.

아들 유자환과 측실(側室)에서 낳은 아들 유자광이 있는데, 유규가 집에서 엄숙하여 자제를 대할 때에도 반드시 관대(冠帶)를 갖추고 만났다.

유자환, 유자광이 귀현(貴顯)하게 되었으나 언사(言辭)나 용색

(容色)으로 그런 표정을 지은 적이 없었으며, 가는 곳마다 청렴하고 엄숙하다고 드러나게 칭찬받았다.

 유규는 경주 부윤으로 뇌물 쓴 자를 벌하다가 숨지게 한 죄로 벼슬길을 물러났는데 그 아들 유자광이 익대공신이 되자 예종이 특별히 벼슬을 주었는데도 한 달 남짓 만에 늙음을 핑계로 고향으로 돌아갈 만큼 강직한 이였다.
 또한 자제를 대할 때 관대를 갖출 만큼 엄했고, 두 아들이 잘 되었어도 그것을 얼굴에 나타내지 않았으며, 가는 곳마다 청렴하고 엄숙했다고 실록은 기록하고 있다.
 유규는 과거 급제를 전후하여 여산 송씨 부인의 몸에서 아들 자환을 얻었으나 부인이 젊은 나이에 죽자 한동안 혼자 지내다가 황해도 도사로 나가기 3~4년 전 여산 송씨 몸종인 보령 최씨를 측실로 들여 39세에 유자광을 얻었다. 이때 보령 최씨 부인의 나이는 30세였고, 그 후 자형과 자정, 두 아들을 더 얻었다.

 남원의 전래되는 구전에 의하면 유규가 낮잠을 자다가 해가 입으로 들어오는 태몽을 꾸었는데 깨어보니 집에서 기르는 말이 교미하려는 것이 보였다. 그래서 이를 저지하고 안방으로 들어가 부인에게 잠자리를 청하였으나 부인이 허락지 않자 부엌의 종을 건드려 유자광을 낳았다는 것이다.

이때 유자광이 태어나면서 마을 대나무의 기운을 모두 빨아들여 온 동네의 대나무가 누렇게 되었다 하여 그곳 이름을 누른대, 한자어로 황죽이라 부른다는 것이다.

이것은 유자광의 출생을 신비화하는 면이 있지만 유규를 폄하하고, 유자광의 천출을 은연중 강조하기 위한 것이다.

이 구전이 허구인 것은 유자광이 태어날 때쯤 유규는 본처가 없이 살았다는 것이고, 유자광이 1439년생이니 유규가 고향에 있지 아니하고 한양에서 근무했거나 황해도에서 근무했을 것이다.

세종 24년(1442년, 임술년) 7월 25일(계미)

유규가 사조하니 인견하고 민생을 위무하고 구휼할 것을 말하다

평안도 경력 유한생(柳漢生)과 황해도 도사 유규(柳規)가 사조(辭朝)하니,

인견하고 말하기를, "평안도 사람들은 성 쌓는 일로 인하여 혹은 소요(騷擾)하게 되었으며, 황해도의 백성들도 또한 평안도 때문에 편안하게 지내지 못한다. 너희들은 각기 자신의 직무에 나

아가서 민생(民生)을 위무(慰撫)하고 구휼하도록 하라. 또 의창(義倉)의 곡식을 거둬들이고 나누어 주는 일을 일절 법대로만 좇으면 백성의 원성(怨聲)이 있게 된다. 법은 안 쓸 수는 없으나 법을 운용하는 권변(權變)은 백성을 다스리는 사람에게 있는 것이니 너희들은 그것을 알아야 한다."고 하였다.

유규는 무과 급제 후 권지훈련 녹사, 군기시 녹사, 선공감 직장, 진주 판관, 사헌부 감찰 등을 지냈다. 또한 황해도 경력, 원평 부사, 평양 소윤, 한성부 소윤을 역임하였다.

1445년경에 죽산 박씨와 재혼해 셋째 아들 자석을 낳았는데 이는 유자환이 계모를 위해 남원을 갔던 사실에 근거한 것이다.

세조 6년(1460년, 경진년) 8월 21일(갑자)
전라도 관찰사에게 남원부에 가는 유자환에게 음식과 물을 주고 어미의 병이 나은 뒤 잔치를 내려 주게 하다.

승정원(承政院)에서 교지(教旨)를 받들어 전라도 관찰사에게 치서(馳書)하기를, "우부승지(右副承旨) 유자환이 어미의 병 때문에 남원부에 가니 음식물을 공급하여 주고, 병이 나은 뒤에 부모(父母)에게 잔치를 내려 주어라." 하였다.

1460년은 유자광이 아직 갑사로 있던 때이고, 유자광의 생모는 첩실이었기에 유자환의 어미라 함은 아버지가 새로 장가를 가서 얻은 죽산 박씨 부인을 말한다.

세조 9년(1463년, 계미년) 5월 16일(갑진)
남원에 있는 계모가 병이 있어 사직하는 대사헌 유자환에게 역마를 주다

대사헌 유자환이 남원에 있는 계모(繼母)가 병이 있다 하여 사직(辭職)하고 귀시(歸視)하니, 명하여 역마를 주게 하였다.

유규는 1453년(단종 1년) 장령을 지낼 때 권력층에 대한 언사가 격하여 군기시부정으로 좌천되었다가 이듬해 집의가 되었다. 1455년(세조 1년) 첨지중추원사, 형조 참의, 55세에 종2품인 황해도 관찰사 겸 병마절제사를 역임하였으며, 이듬해 호조 참의가 되었다.
1457년 경주 부윤으로 있을 때 소송을 제기한 자가 뇌물을 바치매 그를 장살해 파직 당하자 58세의 나이로 남원으로 내려가 오랫동안 벼슬에 나가지 않았다.
아들 유자광이 익대공신이 되어 1468년(예종 원년)에 특별히

가정대부 행첨지중추부사를 제수받았는데, 유규가 사은한 지 한 달 남짓 만에 늙었다 하여 돌아가기를 청하였더니 예종은 또 특별히 자헌대부 지중추부사를 제수하여 고향으로 돌아가게 하였는데 사는 고을에 명하여 녹을 주게 하였다.

그리고 1473년(성종 4년)에 73세의 나이로 고향 남원에서 생을 마감하였다. 그 해에 보령 최씨 부인 소생인 유자광의 동생 유자형도 죽었고, 얼마 지나지 않은 1479년에 유자정도 죽었다.

08
익대공신

유자광은 유규의 측실인 보령 최씨 부인 소생인데 1439년(세종 21년)에 아버지 유규의 나이가 39세이며, 최씨 부인의 나이 30세에 태어났으니 부모의 나이가 적지 않을 때에 태어났다.

형 유자환이 어릴 적에 여산 송씨인 어머니를 여읜 후 보령 최씨 부인과 함께 살았고, 1451년 문과 급제 전후에 결혼을 하였으니 유자광은 첩의 아들이었지만 남원으로 내려와 살았다고 보기보다는 아버지 유규와 함께 한양에서 살았을 것 같다.

유자광이 1468년(세조 14년)에 온양 별시에서 문과 급제를 한 것으로 보아 아버지 유규 밑에서 엄한 교육을 받고 자랐을 뿐만 아니라 장안에서 글을 배웠을 것이다.

이시애의 난 때 올렸던 상소문에 대한 실록의 기록 중 "서사를 알며, 문장을 잘 하였다."고 적혀있는 것으로 보아 무예에도 조예가 있었지만 글공부도 꽤나 했었을 것으로 추정된다.

유규가 남원으로 낙향한 1457년(세조 3년)에 유자광은 19살의 나이로 형의 집에 살았다기보다는 아버지를 따라 남원으로 내려와 살았을 것이다. 그리고 그때에 지리산을 무대로 무예를 익혔을 것 같다.

28세까지 갑사로 지내던 유자광은 1467년(세조 13년) 이시애의 난을 계기로 병조 정랑이 되었다가 온양 별시에 장원 급제하여 병조 참지가 되었다.

그 후 예종 즉위년에 남이의 역모 사건을 고변한 공으로 유자광은 수충보사병기정난 익대공신 자헌대부 무령군이 되었다.

예종 1년(1469년, 기축년) 5월 20일(계묘)
임금이 경회루에 나아가 익대공신에게 교서를 내리고 술을 내려 주다

임금이 경회루(慶會樓)에 나아가서 익대공신에게 교서(教書)를 내리고, 이어서 술을 내려 주었다.

임금이 내전에 돌아와 환관(宦官) 전균(田畇)으로 하여금 궁온(宮醞)을 가지고 가서 이들을 공궤(供饋)하게 하였다. 또 자을산군(者乙山君)【금상(今上)의 휘(諱)이다.】에게 명하여 이화주(梨花酒) 1담(墰)을 가지고 가서 내려 주게 하였다.

수충보사병기정난 익대공신(輸忠保社炳幾定難翊戴功臣) 자헌대부(資憲大夫) 무령군(武靈君) 유자광에게 하교(下敎)하기를, "황천(皇天)의 권명(眷命)이 길이 끝없는 기업(基業)을 보전하고 의사(誼士)가 도와서 부지(扶持)하니 능히 불세(不世)의 공적을 세웠도다.

해가 추우면 송백(松柏)의 지조(志操)를 알고, 때가 위태하면 영웅(英雄)의 재주를 아는데, 공(功)을 능히 잊을 수가 없으니, 상(賞)을 어찌 감히 늦추겠는가?

경은 태산(泰山)과 하수(河水)같이 기운이 장(壯)하고 문(文)과 무(武)의 재주를 겸전하였도다. 일찍이 호탕(豪宕)한 자품(資品)을 지니고, 항상 뇌락(磊落)한 행동을 흠모하였다.

불과 두어 달 안에 두 차례 만세(萬世)의 공(功)을 세우니, 예권(睿眷)이 특히 더하였고, 이름과 지위가 더욱 현달(顯達)하였다.

문득 정시(庭試)에서 으뜸으로 뽑혔고, 이에 하관(夏官)에 참정(參政)하였다. 온 조정이 절륜(絶倫)의 재주에 복종하였고, 황고(皇考)께서 명세(命世)의 어진 이를 만난 것을 기뻐하셨다.

옛석에 경의 형 오싱군(筽城君)이 이미 황고(皇考)를 도와서 능히 정난(靖難)의 공(功)을 이루었고, 경이 이제 또 과궁(寡躬)을 도와서 특히 익대(翊戴)의 공적을 세웠도다.

우리 부자의 서로 계승(繼承)함을 생각건대, 오직 경의 형제를 이에 의빙(依憑)하였으니 막대한 공(功)을 갚고자 하는데, 어찌 비상한 은전을 거행하지 않겠는가!

이에 경을 익대1등공신(翊戴一等功臣)으로 책훈(策勳)하여 각(閣)을 세워 형상을 그리고, 비(碑)를 세워 공(功)을 기록하며, 그 부모와 처자에게 벼슬을 주되, 3계급을 뛰어 올리게 하였으며, 적자(嫡子)와 장자(長子)는 세습(世襲)하여 그 녹(祿)을 잃지 않게 하고, 자손들은 정안(政案)에 기록하여 이르기를, '익대 1등 공신 유자광의 후손'이라 하여 비록 죄를 범함이 있을지라도 유사(宥赦)가 영세(永世)에 미치게 한다.

아아! 일월(日月)과 성신(星辰)이 밝게 펴져 있으니, 감히 성한 공훈을 잊겠는가! 산하대려(山河帶礪)처럼 면면히 길도록 함께 후손을 보전할지어다."

익대공신은 적자와 장자는 세습하여 그 녹을 잃지 않게 하고, 자손들은 정안에 기록하여 이르기를 '익대공신 유자광의 후손'이라 하여 비록 죄를 범함이 있을지라도 자손 대대로 용서받고 사면 받는다는 것이다.

유자광은 계모와 같은 함양의 죽산 박씨와 혼인하였는데 유자광의 공로로 장인어른 함양 호장 박치인과 처형 순년의 향역도 면하게 되었다.

09 수난

유자광은 1469년(예종 1년)에 열무정에서 진법을 훈련하며 중상대장이 되기도 하였지만, 1470년(성종 1년)에는 공신이나 고급 관료를 따라다니는 병졸인 반인 박성건의 난언에 의해 큰 어려움을 겪기도 했다.

성종 1년(1470년, 경인년) 4월 3일(신해)
유자광의 반인(伴人) 박성간이 유자광이 난언을 하였다고 고하다

유자광의 반인(伴人) 박성간(朴成幹)이 유자광이 난언(亂言)을 하였다고 고하였다. 원상(院相) 최항(崔恒), 김질(金礩)과 승지 등에게 명하여 박성간에게 물으니 박성간이 말하기를, "유자광이 아우 유자석(柳子晳)과 더불어 말하기를 '간밤에 꿈이 흉하였

어. 해가 처음 떠오르는데 쏘아 맞혀 곧 떨어졌거든.' 하니, 유자석이 말하기를 '그것 참 좋은 꿈이오.' 하였습니다. 유자광이 말하기를 '내 뜻과 꼭 합한다.' 하고, 유자광이 인하여 말하기를 '전일에 남이(南怡)가 지극히 어리석어 남에게 누설하였지. 비록 부자(父子) 간이라도 어찌 감히 말하겠어? 만일 그 꾀대로 하였더라면 나와 남이가 누가 득(得)이 되었을는지 몰라. 내가 군사 3, 40인을 거느리고 밤을 틈타 우두머리를 먼저 제거하면 누가 능히 항거하겠어?' 하였습니다." 하였다.

내금위장(內禁衛將) 김관(金瓘)에게 명하여 겸사복(兼司僕) 15명, 교위(校尉) 15명을 거느리고 유자광을 잡아오게 하고, 여러 원상에게 명하여 승정원(承政院)에 나아가 유자광을 국문(鞫問)하게 하였다.

유자광과 들은 증거인 통개장(筒介匠) 안수장(安守長), 학생(學生) 정흥로(鄭興老)를 각각 한 차례 장(杖)을 때려 신문하니 모두 불복하였는데, 밤은 이미 사경(四更)이라 명하여 유자광을 서소(西所)에 가두게 하였다.

이 글 속의 유자석은 계모 죽산 박씨 부인의 아들로서 20대 중반 정도의 나이였을 것이다.
이 사건은 세조의 부인인 대왕대비가 나서서 고변한 박성간에게 장(杖)을 때려 신문하게 했는데 겨우 여섯 번 만에 말하기를, "전일에 유자광이 가죽신 2부를 만들게 하였는데, 곧 명령에 응하지 않았다 하여 장 60대까지 때리므로 원한을 품어 해하고자 하여 말을 만들어 고한 것입니다."라고 말하여 위기를 모면하였다.

이 사건으로 박성건은 참형에 처해졌고, 피해자가 아닌 사람이 남의 범죄 사실을 관청에 고하는 것을 금하게 했다.

성종 1년(1470년, 경인년) 4월 8일(병진)
제도 관찰사에게 남을 무고하는 일이 많음을 이르고 이를 금하게 하다

제도관찰사(諸道觀察使)에게 유시하기를, "근래에 고알[1](告訐)하는 것이 풍속이 되어, 혹은 원망을 갚고자 하고, 혹은 상(賞)을 요구하여 남의 큰 죄를 거짓 고소하며 끌어대어 서로 연루되는 것이 걸핏하면 수십 인에 이르니, 이로 인하여 사람이 스스로 보전하지 못한다.

전 해에 김유지(金有智)란 자가 있어 밭을 다투다가 얻지 못하자 수령, 감사(監司)를 원망하여 모반(謀反)한다고 무고하였다가

---
1) 고알 : 피해자가 아닌 사람이 남의 범죄 사실을 관청에 고하는 것

그 죄에 반좌[2](反坐) 되었다.

그러나 오히려 징계되지 않아서 지금 유자광의 반인 박성간이란 자가 유자광에게 죄를 받고 모반한다고 무고하였으므로, 대신(大臣)에게 명하여 국문해서 진정을 알아내어 장차 극형에 처하려 한다.

인하여 생각건대, 어리석은 백성들이 망령되게 생각하기를 큰 죄를 거짓 꾸미어 고하면 국가에서 다시 끝까지 규명하지도 않고 곧 법에 처치한다 하여, 드디어 원수를 갚고 상을 받는 계교를 하는 것이다. 그러나 어찌 그 진정을 추구하지 않고 그 무고를 따를 리가 있으랴!

처음에 남을 해하고 이익을 구하려다가 도리어 큰 죄를 받으니, 그 명완[3](冥頑)한 것이 또한 불쌍하지 않은가? 하물며 무고를 입은 사람이 그릇 잡혀 갇히니 또한 불쌍한 일이다.

만일 대역(大逆)을 꾀하여 종사(宗社)에 관계되는 것을 알고도 고하지 않으면 스스로 그 죄가 있으니, 여러 고을로 하여금 민간에 효유(曉諭)하여 두루 알지 못함이 없게 하라." 하였다.

유자광은 1476년(성종 7년)에 세조비 정희왕후가 섭정을 하지

---

2) 반좌 : 무고(誣告)하여 죄가 없는 사람을 죄에 빠뜨리는 자에 대하여 피해자가 입은 만큼의 형벌을 주던 제도
3) 명완 : 사리에 어둡고 완고함

않으면 성종이 폐위된 노산군 단종처럼 될 수 있다고 말한 한명회를 탄핵해 물의를 일으켰다.

이를 후세의 사가들은 유자광이 한명회와 권력 싸움을 벌인 것으로 보는 이도 있지만 그것은 어불성설이다.

이때 한명회의 지위는 좌의정이기도 했지만 돌아가신 예종의 장인이었고, 현재의 왕인 성종의 장인이었기에 유자광이 한명회와 권력을 다투기란 불가한 위치였다.

대왕대비의 수렴청정을 거두고 성종이 친히 정치를 주관해야 한다는 것은 왕권 수호와 확립을 바라는 충정으로 해석해야 할 것이다.

성종 7년(1476년, 병신년) 2월 19일(계사)
유자광이 한명회의 발언을 탄핵하고 벌주기를 청하는 상소를 올리다

무령군 유자광이 상소하기를, "신(臣)이 듣건대 농담으로 하는 말도 생각한 데에서 나온다고 하니, 그 말을 꺼낸 데에 따라 그 마음에 있는 바를 알 수가 있는 것입니다. 이제 한명회가 대왕대비(大王大妃)에게 아뢰기를, '지금 만약 주상(主上)에게 정사를 돌려준다면 바로 이는 국가와 신민을 버리게 되는 것이고, 후일

에 신(臣)이 대궐 안에서 비록 술[杯酒]을 마시더라도 마음에 편안할 수가 있겠습니까?' 하였으며, 또 아뢰기를 '노산군(魯山君)이 나이가 어린데도 부호(扶護)하는 사람이 없었던 까닭으로 간사한 신하들이 반란을 일으킬 수가 있었는데, 다행히 우리 세조대왕(世祖大王)께서 반역(叛逆)한 무리들을 목 베어 제거함으로써 국가가 이에 힘입어 편안하게 되었습니다.

지금도 중궁(中宮)이 정해지지 않았는데 전하에게 정사를 돌려주는 것은 진실로 옳지 못합니다.' 라고 하였으니, 그렇다면 한명회는 감히 전하를 노산군에 견주는 것이겠습니까?

그가 말하기를, '중궁(中宮)이 정해지지 않아서 부호하는 사람이 없다.' 고 했으니, 그렇다면 알 수 없지마는 전하께서는 중궁이 정위(定位)할 것을 기다린 후에 이를 힘입어서 만기(萬機)를 결단하는 것입니까?

신(臣)은 이 말을 듣고서는 분개함을 견딜 수가 없습니다. 알 수는 없습니다마는, 한명회가 우매해서 이런 말을 하였겠습니까, 노매(老昧)해서 이런 말을 하였겠습니까, 병들고 미쳐서 이런 말을 하였겠습니까?

한명회가 우매하지도 않고, 광망(狂妄)하지도 않고, 노매하지도 않다는 것은 전하께서 아시는 바인데, 이 어찌 말이 도리에 어긋남이 이와 같습니까?

삼가 원하건대, 한명회를 유사(有司)에 회부하여 그 정상(情狀)을 밝히고 그 죄명을 나타내어, 중앙과 외방(外方)의 사람들로 하여금 그 의심을 환하게 풀도록 하시면, 국가에 매우 다행하겠습니다." 하였다.

　이 상소 사건으로 조정이 시끄러워지자 유자광은, "신이 듣고서 생각해 보건대 신하가 임금께 가슴에 품은 생각을 그대로 두고 아뢰지 않는다면 인신(人臣)으로서 나라를 근심하는 뜻이 아니기 때문에 감히 품은 생각을 털어서 아뢴 것입니다."라고 아뢰었다.

　그러나 성종은 유자광에게, "인신이 입을 다물고 말하지 않는다면 장차 어디에다 쓰겠는가? 지금 상소를 보니, 말한 바의 지적이 잘못되었기 때문에 경을 가지고 잘못되었다고 하는 것이다."라고 유자광을 탓했다.

　이에 유자광은 "신이 얼자(孽子)로서 나라의 후한 은혜를 받아 지위가 여기에 이르렀으니, 무릇 품은 생각이 있는데도 입을 다물고 아뢰지 않는다면 성상의 은혜를 만에 하나라고 보답하지 못하는 것이기 때문에 직언(直言)하고 숨기지 아니하는 것입니다. 신도 또한 제 말에 잘못이 있다는 것을 알고 있습니다." 라고 한 발 물러섰으나 파직되었다.

성종 7년(1476년, 병신년) 4월 27일(경자)
의금부의 청에 의해 유자광과 이숙감을 파직하다

의금부(義禁府)에서 아뢰기를, "유자광이 처음 공초(供招)에 이르기를, '한명회가 중궁(中宮)을 아직 결정하지 못했다는 말과 대간(臺諫)이 탄핵(彈劾)한 일을, 사인(舍人)으로 하여금 대간 등에게 말하게 한 등의 말을 이숙감(李淑瑊)에게 들었다.'고 했는데 사인 배맹후(裵孟厚)와 이칙(李則)에게 물음에 미쳐서는 모두 이르기를 '한명회의 집에서 이숙감을 보지 못하였다.'고 하자, 유자광이 이에 말을 바꾸기를, '그때에 다른 사람은 보지 못하였고, 다만 이숙감만 보았기 때문에 이숙감에게 들었다고 헤아렸을 뿐이다.' 하여, 이로써 공초(供招)하였는데 스스로 이치에 어긋남을 알고 술이 취해 살피지 못하였다고 한 것은 매우 곧지 못합니다. 청컨대 고신(拷訊)하게 하소서." 하니 명하여 유자광과 이숙감을 아울러 파직(罷職)하게 하였다.

그러나 그 해 8월에 유자광은 숭정대부 무령군으로 관작을 제수받았고, 다음 해인 1477년 대신들이 유자광이 서출이므로 그를 도총관에 임명할 수 없다는 비판에도 불구하고 도총관을 삼을 만큼 성종은 유자광을 총애했다.

10
귀양

유자광이 도총관으로 임명되자 서출이 그러한 직분을 받은 것에 대하여 조정이 몹시 시끄러웠다.

대사헌 김영유는, "도총부(都摠府)로 말하면 금병(禁兵)을 맡아 거느리고 좌우에서 가까이 모시는 것이므로 모름지기 가문과 인망(人望)이 모두 높은 자를 선택해서 제수해야 한다."고 하면서 반대했다.

성종 8년(1477년, 정유년) 윤2월 24일(임술)
대사헌 김영유 등이 유자광의 직임을 고치라는 차자를 올리다

사헌부 대사헌 김영유(金永濡) 등이 차자(箚子)를 올려 아뢰기를, "유자광은 유규의 첩자(妾子)로서 효용(驍勇)하고 학술(學術)이 있어서 처음에 갑사(甲士)가 되었는데, 지난 정해년에 적신(賊

臣) 이시애가 군사를 일으켜 반역하자 유자광이 상서하여 가기를 청해서 마침내 작은 공로가 있었습니다. 그래서 세조 대왕께서 계제(階梯)를 밟지 아니하고 탁용(擢用)하시고, 과거를 허락하기에 이르셨으나, 이것은 적도(賊徒)들을 토벌하기에 급하셔서 다만 그 재주를 쓰신 것이며, 예종조(睿宗朝) 때에도 또한 반역의 변(變)을 고하여 난(亂)을 평정한 것으로 공신에 끼이게 되었습니다.

그러나 비록 갑자기 높은 품질(品秩)에 이르렀어도 역시 청환(淸宦)과 근시(近侍)의 직임(職任)을 허락하지 않았습니다. 그리고 다만 《대전(大典)》에 '첩자에게 벼슬을 한정한 뜻' 만 보아도 이미 크게 지나친 것이 됩니다. 그런데 지금 도총관(都摠管)으로 제수하셨으니, 도총부로 말하면 금병을 맡아 거느리고 좌우에서 가까이 모시는 것이므로, 모름지기 가문과 인망이 모두 높은 자를 선택해서 제수해야 합니다. 대개 명분(名分)은 조정(朝廷)의 기강(紀綱)이고, 조정은 사방(四方)의 준칙(準則)이니, 상하(上下)를 변별(辨別)하고 명분을 정하는 것은 반드시 조정에서부터 비롯되어야 합니다.

유자광과 같은 자가 추요(樞要)의 직(職)에 거(居)하게 되면, 이것은 명분을 먼저 조정에서 무너뜨리는 것이니, 사방에서 무엇을 취하여 본을 받겠습니까? 삼가 바라건대, 빨리 유자광의 직임을 고치셔서 문란한 조짐을 막으소서." 하였으나 들어주지 않았다.

영사(領事) 김질(金礩)은, "유자광은 첩의 아들이니 다른 벼슬에 임용하는 것은 가하지만, 도총관과 의정부 같은 데는 제수할 수 없다."고 유자광의 도총관 사직 상소문을 올렸다.

성종 8년(1477년, 정유년) 윤2월 24일(임술)
대사헌 김영유, 영사 김질이 유자광은 서얼이므로 도총관으로 삼을 수 없음을 아뢰다

경연(經筵)에 나아갔다. 강(講)하기를 마치자 대사헌 김영유가 아뢰기를, "문반(文班)의 직은 의정부보다 큰 것이 없고, 무반(武班)의 직은 도총부보다 중(重)한 것이 없습니다. 지금 유자광을 도총관으로 삼았는데, 유자광은 유규의 첩자입니다. 비록 국가에 공이 있다 하더라도 물망(物望)에 적합하지 않으니, 청컨대 개차(改差)하소서."하니,

임금이 말하기를, "선왕(先王)께서 벼슬길[仕路]을 허락하여 주셔서, 벼슬이 1품에 이르렀기 때문에 지금 그를 쓴 것이다."하고, 좌우를 돌아보며 물었다.

영사(領事) 김질(金礩)이 대답하기를, "유자광은 첩의 아들이니 다른 벼슬에 임용하는 것은 가하지만, 도총관과 의정부 같은 데는 제수할 수 없습니다." 하니,

임금이 말하기를, "지금 도총관을 삼지 않는다면 무슨 벼슬에 임용하겠는가? 물리쳐 버리고 임용하지 않는 것은 선왕께서 벼슬길을 열어 주신 뜻을 어기는 것이다." 하였다.

김영유가 아뢰기를, "세조께서 이시애의 난을 당하여 오직 재주에 따라 〈사람을〉 써서 병조를 맡기심에 이르셨으나 지금은 수성(守成)하는 때이니, 창업(創業)하고 중흥(中興)하는 시대와는 같지 않습니다. 중국[中朝]에서는 사람을 쓰는 데 족류(族類)를 따지지 않지만, 우리나라에서 사람을 쓰는 데는 반드시 문벌[門地]을 택하는데, 오늘날 첩자로서 재상을 삼는 것은 최적(崔適)과 이양생(李陽生)과 같이 학술이 없는 자는 족히 논할 것도 없거니와 이몽가(李蒙哥)로 말하면 공신이 되고 또 학술도 있었으나, 끝내 위장(衛將)의 직임(職任)을 맡기지 않았으니, 이미 그런 예(例)가 있습니다. 지금 유자광을 공이 있고 재주가 있다고 하여 다른 벼슬에 임용한다면 가하지만, 만약에 도총관을 삼는다면 말류(末流)의 폐단을 장차 구제할 수 없을 것입니다." 하였으나 임금이 들어주지 않았다.

한마디로 말하면 첩의 아들이니 안 된다는 것이다. 이에 유자광은 자진하여 도총관을 사직하겠다는 상소를 올렸다.

성종 8년(1477년, 정유년) 윤2월 26일(갑자)
유자광이 도총관의 사직을 청하나 듣지 않다

무령군 유자광이 도총관의 사직을 청했으나 들어주지 않았다.

그 다음날 대사헌 김영유 등이 유자광이 도총관이 될 수 없는 이유 다섯 가지를 들어 상소하기를, "유자광이 도총관이 될 수 없는 것은 다섯 가지 이유가 있습니다. 미천한 데서 발탁되어 갑자기 금병을 거느리면 사졸들이 복종하지 않을 것이니 이것이 한 가지요, 본래 도총관이 되는 자는 모두 당시의 인망이 있으므로 유자광을 깔보아 동료가 되기를 부끄럽게 여길 것이니 이것이 두 가지요, 조정의 사대부가 명절(名節)을 닦아서 서로 지나치지 않는 것은 존비의 정해진 분별이 있기 때문인데 존비가 분별이 없으면 사유(四維)가 폐이(廢弛)되고, 조정이 엄격하지 못하게 되니 이것이 세 가지요, 귀한 것을 좋아하고 천한 것을 싫어함은 사람들의 일반적인 정(精)이어서 명분을 간범(干犯)하여 서자가 적자를 능멸하는 자가 얼마인지 알 수 없습니다. 비록 마음을 다하여 막는다 해도 오히려 그 간사함을 이길 수 없을까 두려운데, 더욱이 청현(淸顯)에 두어서 그 구실을 삼게 하겠습니까? 이것이 넷째입니다. 무릇 사람이 안으로 부족한 자는 일을 하고도 스스로 만족하게 여기지 못하므로 유자광은 안으로 동료들에게 끼이지 못하는 바가 되고, 밖으로는 물의(物議)에 용납되지 못하는 바가 되어서 기가 꺾이고 부끄러워서 하루도 편안치 못할 것이니 이것이 다섯째입니다. 전하께서 신 등의 청을 윤허하지 않으신 것이 어찌 유자광이 재주가 있고 공이 있다고 하여서가 아니겠습니까?"라고 했지만 임금이 이를 들어주지 않았다.

그 해에 우승지 홍귀달이 도승지 현석규와 의논하지 않고 임금께 아뢴 일로 인하여 현석규가 노여움이 극(極)해서 팔뚝을 걷어붙이고 동렬(同列)의 이름을 불러 욕한 일로 조정이 시끄러웠다.

유자광은 대간이 아니므로 이 일을 관여하지 않았어야 하나 이 일에 현석규를 탄핵하는 상소를 올렸다.

이와 함께 탄핵 상소를 올린 김언신이 구속되자 유자광은 직위를 벗어나 함부로 말하였으니 옥에 가두어 달라고 달라고 청했으나 성종은 이를 아름답게 여겼다.

성종 8년(1477년, 정유년) 9월 6일(경오)
유자광이 대죄할 것을 청하다

유자광이 와서 아뢰기를, "신이 말한 것이 김언신에 비하면 더 심한데 김언신만을 하옥하고 신은 너그러이 용서하시었습니다. 김언신은 언책(言責)이 있는 자인데도 이러한데, 더구나 신은 미치고 망령되어 직위를 벗어나서 함부로 말하였으니 옥에 나아가기를 청합니다." 하니,

전교하기를, "경은 지난번에 한명회를 탄핵하고 지금 또 대신의 일을 극언(極言)하였으니, 내가 심히 아름답게 여긴다. 무릇 사람이 허물을 알면 심한 것이 아닌데 경이 어제 인견할 때에 스스로 사과하였으니, 이것은 경이 도리를 통달한 것이다. 문자 간의 일을 어찌 다 책망하랴마는 김언신은 자신이 극형을 당하겠다고 스스로 말하였으니, 내가 심히 아프게 생각하였다. 그러므로 국문하는 것이니, 경은 대죄하지 말라." 하였다.

유자광이 다시 아뢰기를, "신과 김언신이 죄는 같은데 벌이 다르므로 외간에서 들으면 반드시 전하께서 대신에게는 사를 두고 낮은 관원은 죄를 준다 할 것이니, 신이 성덕에 누를 끼치는 것이 또한 크지 않겠습니까? 신도 아울러 하옥하시면 물의가 쾌할 것입니다." 하였으나 허락하지 않았다.

이 일이 점점 커지더니 김언신과 유자광의 상소가 일치하므로 서로 무리를 지어 고의적으로 현석규를 공격하였다고 하여 다음

해 5월에 이르러 유자광도 김언신과 같이 옥에 갇히는 신세가 되었다.

유자광이 옥중에 있으면서, "신이 누조(累朝)의 두터운 은혜를 입어 미천한 몸으로 등용되어 벼슬이 높고 녹이 극진하므로 항상 한 조각의 충직한 마음을 품고 국은에 보답하기를 기약하였으나, 성품이 본래 광견(狂狷)하여 악한 것을 미워하기를 원수처럼 하여 남의 착하지 못한 것을 들으면 능히 너그럽게 용서하지 못합니다. 그러므로 만 번 죽음을 무릅쓰고 남의 꺼리는 바를 피하지 않으면서 우러러 성청(聖聽)을 모독한 것이 한 번이 아닙니다. 벼슬이 극진하고 또 부유한데 무엇을 더 바랄 것이 있어서 여러 사람들이 꺼리는 말을 하기를 좋아하여 스스로 몸을 돌아보지 아니하겠습니까?

하물며 70세 노모(老母)가 일찍이 신에게 경계하기를, '네가 충직(忠直)으로써 임금을 섬기면 충신이지만, 만일 화(禍)가 미치면 효(孝)가 아니다. 내가 죽은 뒤에는 가하나 내 생전에는 모름지기 〈몸을〉 근신(謹愼)하여 효도를 마치는 것이 가하다.'고 하였습니다. 그러나 시비(是非)에 있어서는 어머니의 경계함을 받지 못한 것이 여러 번이었습니다.

지금 김언신이 계달한 말이 신의 상서와 같은 것을 가지고 반드시 함께 의논하여 서로 전해서 아뢴 것이라고 하는데, 과연 김언신의 말과 신의 말을 가지고 참고하면 그 뜻이 부합하니, 함께 의논한 것과 같으나 신은 진실로 함께 의논하지 않았습니다. 신이 김언신과 더불어 친히 대(對)한 뒤에 신이 김언신을 보고 말하기를, '네가 계달한 말과 내가 올린 말이 어찌하여 의논도 하지 않았는데 같은가? 내가 너와 서로 친구인 것은 남들이 함께 아는 바이니 사람들이 반드시 우리가 같이 의논했다고 의심할 것이다.' 하니, 김언신이 말하기를, '옛사람이 이르기를, 「사람의 마음과 식견(識見)은 대략 서로 멀지 아니하다.」고 하였는데, 이것을 이른 말이다. 그러나 천군(天君)이 편안하고, 하늘의 해가 내려다보는데, 남의 의심하는 것을 어찌 족히 마음에 두겠는가?' 하였습니다. 신이 비록 보잘것없을지라도 만약 김언신과 함께 의논하였다면 지금 〈어찌〉 감히 숨겨서 전하의 일월같이 밝으심을 속이겠습니까? 서로 함께 의논하지 아니하였는데도 '같이 의논하였다.'고 하면 역시 전하의 밝으심을 속이는 것입니다. 만약에 김언신과 더불어 연명(連名)으로 상소한 것이라면 신하가 되어 임금을 섬기면서 절개를 다하는 도리에 해롭지 아니하였을 것입니다.

  신이 비록 불초(不肖)할지라도 대강 의리를 아는데, 감히 남의 의논을 듣고 남의 말에 따라서 스스로 몸을 돌보지 아니하고 감히 여러 사람이 모인 가운데에서 말하겠습니까? 죽으나 사나 한 마음인데 감히 전하의 밝으심을 속이겠습니까? 신이 허종(許琮)과 더불어 도총부에 입직(入直)하던 날에 허종도 말하기를, '나의 숙부(叔父) 허훈(許薰)이 사의(司議)이었을 때에 현석규가 형방 승지가 되었는데, 그 노비의 일로써 혹은 청탁하고 혹은 위협하여 여러 가지 방법으로 침노하였다. 내가 본래 현석규의 바르지 못한 것을 의심하였는데, 이제 승정원에 있을 때에 한 일을 들으니 과연 음험하고 간사하여 그 사람됨을 가히 알겠다.'고 하였습니다. 신의 들은 바가 이와 같기 때문에, 전하께서 현석규의 음험하고 간사함을 살피지 못하실 것을 깊이 두려워하고, 또 현석규가 장차 전하의 정치를 더럽힐까 염려하여 차마 잠자코 있지 못해서 그 듣고 본 바를 마음대로 다 써서 성청을 모독하는 것입니다. 신이 현석규에게 무슨 혐의가 있겠으며, 현석규가 신에게 무슨 마음이 있었겠습니까? 신이 계달한 말은 바로 공의(公議)일 뿐이며, 신이 감히 남에게 부동(符同)하여 천일(天日)을 속이겠습니까? 신의 뜻한 바가 만약 이와 같지 아니하다면 하늘이 위에 있고 귀신이 머리에 임하였으니 삼가 바라건대, 전하께서는 굽어 살피소서."라고 임금께 글을 올렸다.

  이 일은 유자광이 임사홍과 함께 붕당을 만들어 현석규를 모함한 것으로 비화되어 1478년(성종 9년)에 임사홍은 의주로, 유자광은 동래로 귀양을 갔다.

후세의 많은 사람들이 유자광이 권력 다툼으로 한명회를 탄핵하다가 귀양을 간 것으로 알고 있으나 악한 것을 미워하기를 원수처럼 하고, 남의 착하지 못한 것을 들으면 능히 너그럽게 용서하지 못하는 성격 탓에 자신의 직분과 무관하게 현석규를 탄핵한 일로 귀양을 갔다.

11
유배

유자광이 1478년(성종 9년)에 동래로 유배되어 동래에서 3년을, 그리고 남원으로 양이 되어 4년을 보냈다. 성종의 아내이자 연산군의 어머니인 폐비 윤씨는 1476년에 중전이 되고, 1479년 6월에 폐위되어 1482년 8월에 사약을 받았다.

유자광은 운명처럼 이 기간을 유배지에서 보냄으로 윤빈의 폐비사건으로부터 자유로워 죽음을 모면했다. 훗날 이와 관련된 모든 이들을 죽음으로 내몬 갑자년의 사화를 피해갈 수 있었다.

성종 11년(1480년, 경자년) 10월 28일(갑술)
동래부에 부처된 유자광이 병든 어미가 있는 고향으로 양이해 달라고 상소하다

경상도 동래(東萊)에 부처(付處)한 사람인 유자광이 상소하였다.

그 대략에 이르기를, "신은 금년의 나이가 42세이고, 어미의 나이는 71세입니다. 신의 어미가 세 아들을 낳았으나 지난 계사년(1473)에 유자형이 병들어 죽었고, 신이 동래에 유배된 뒤에는 오직 유자정만이 어미의 곁에 있었는데, 집안의 화변(禍變)이 가시지 못하여 지난해에 유자정도 병들어 죽었습니다.

그러므로 어미가 지나치게 애통하여 병이 되어서 거의 죽을 지경에 이르렀습니다. 지금 또다시 천기(天氣)가 차고 바람이 냉(冷)하여 해소(咳嗽)가 심해져서 신음하며 홀로 고생하여 돌아가실 날이 임박하였으니 제 심정을 무어라 말할 수 없습니다.

엎드려 생각하건대 전하께서는 효로써 다스림을 삼으시니, 신의 죄가 비록 중(重)하더라도 신의 어미의 병이 애처로워서 그 자식의 죄악을 생각지 않으시고 반드시 자애(慈愛)의 정을 절실히 느끼실 것입니다.

엎드려 바라건대 전하께서 특별히 넓고 큰 은혜를 내리시어, 신을 어미가 있는 고향으로 양이 하셔서 남은 봉양(奉養)을 받들게 하여 여생 마치게 하신다면 모자의 정이 생사에 유감이 없을 것입니다.

아득히 먼 곳에서 부복하여 대궐을 바라보니, 혼신(魂神)이 날아가고픈 간절한 마음이 지극함을 견디지 못하겠습니다." 하니, 명하여 대신에게 보이게 하였다.

성종은 유자광의 남원 양이를 신하들에게 의논케 하였는데 정창손, 김국광, 노사신, 이극배 등은 "유자광의 죄가 종사에 관계되지 아니하다." 하여 양이를 찬성했고, 심회, 윤사흔, 윤필상, 홍응, 윤호 등은 반대했다.

성종은 어서로 이르기를, "공이 사직에 있고 정이 지친(至親)에 박절(迫切)하니, 죄가 비록 붕당(朋黨)에 관계되나 마음이 효양하는 데에 있어 가상하니, 특별히 원하는 바에 따라서 너그러운 은혜를 보여 어미의 곁으로 양이 하여 천수를 마치게 하라." 하였다.

유자광은 1480년(성종 11년) 특명으로 남원에 양이 되었는데 전문을 올려 진사하였다.

성종 12년(1481년, 신축년) 1월 7일(임오)
특명으로 남원에 양이 된 유자광이 전문을 올리다

유자광이 무술년(1478년)에 죄로 동래에 유배되었다가 경자년(1480년)에 늙은 어미가 있다 하여 특명으로 남원에 양이 되었는데, 이때에 이르러 전문(箋文)을 올려서 진사(陳謝)하기를, "보잘것없는 신이 장기(瘴氣)가 있는 곳에 유배되자 사람들이 모두 틀림없이 죽을 것이라고 하였습니다. 그런데 아름다운 명령이 높은 대궐에서 내리니, 그 은혜가 곧 다시 살리시려는 데에서 나온 것이라고 여겨져, 눈물은 말끝마다 떨어지고 감격과 두려움은 가눌 수 없습니다."

 성종은 유자광의 남원 양이를 허락한 이듬해인 1481년(성종 12년) 5월에는 공신녹권을 돌려주라는 전지를 내렸고, 1482년 7월에는 유자광의 직첩을 돌려줄 것에 대한 가부를 의논케 하였다.
 채수, 이세필, 김경조, 허황, 이의형, 이종윤, 김직손, 박경은 직첩을 돌려주지 않는 것이 마땅하다고 하였으나 유자광은 예종조에 큰 공이 있으므로 직첩을 돌려주라고 명했다.

12
서용

유자광이 1478년(성종 9년) 5월에 동래로 유배된 지 7년 만에 유자광의 서용을 다시 논의하기 시작하였는데, 이 기록을 그대로 옮기는 것은 당대의 대신들이 유자광을 어떻게 생각했는지 알 수 있을 것 같기에 전문을 옮겨 적었다.

성종 16년(1485년, 을사년) 1월 27일(경술)
전 무령군 유자광과 전 주계 부정 이심원의 서용 문제를 대신들과 의논하다

전(前) 무령군 유자광과 전 주계부정(朱溪副正) 이심원을 서용하는 가부를 영돈녕(領敦寧) 이상과 의정부, 이조에 의논하도록 명하니,

정창손(鄭昌孫)은 의논하기를, "유자광은 공이 매우 큽니다.

비록 허물이 있을지라도 산지(散地)에 오래 둘 수 없으며, 징계하기를 이미 오래 하였고, 그렇다고 종사에 관계되는 죄를 범한 것도 아니니 서용하는 것이 어떻겠습니까? 심원(深源)의 죄는 조부(祖父)에게 대항하는 말을 하며 능욕(凌辱)한 것이니, 이는 강상(綱常)에 관계되는 것입니다. 아직 서용하지 마소서." 하고,

한명회는 의논하기를, "유자광은 비록 죄가 중하나 공신이니 서용하는 것이 어떻겠습니까? 심원의 죄는 신하로서 의논할 것이 아닙니다. 성상께서 재량하소서." 하고,

심회(沈澮)는 의논하기를, "남이의 역모에 유자광의 공이 컸었으나, 전자에 간신(奸臣) 김언신(金彦辛)과 더불어 부동(符同)하여 현석규를 모함하여 해치려고 하여서 기군망상(欺君罔上) 하였으니, 그 죄가 큽니다. 만약 공과 죄를 논한다면 간사한 죄가 공보다 중합니다. 서둘러 서용하지 마소서. 심원은 위를 속이고 조부에게 불효하였으므로 충과 효를 함께 잃었으니, 서용할 수 없습니다." 하고,

윤필상은 의논하기를, "유자광은 사직(社稷)에 공이 있으므로, 끝까지 버릴 수는 없습니다. 더구나 지금 산지에 둔 지 이미 오래이므로 반드시 마음을 고쳤을 것이라고 생각합니다. 심원은 비록 재주는 있다고 하나, 그 조부를 대하여 입을 놀려 서로 힐난하였는데, 그때 신이 그 형상을 보고 입으로 말할 수 없었습니

다. 그 마음이 이와 같은데 그 재주를 어디에 쓰겠습니까? 청컨대 서용하지 말고 그 마음을 징계하소서." 하고,

홍응(洪應)은 의논하기를, "유자광이 공신이 된 것은 다른 사람이 일월(日月)의 빛에 의지하거나 반린부익(攀鱗附翼)한 것과는 다릅니다. 사직(社稷)을 옹호한 공은 크고 현석규를 배척한 죄는 작으니, 공으로써 허물을 덮어서 서용하는 것이 어떻겠습니까? 심원은 그 조부와 말로 대항하던 날에 그 일을 직접 보았는데, 죄는 용서할 수 없으나, 조부 때문에 서로 꾸짖은 것이 아니라 단지 임사홍을 공격하다가 자신도 모르게 도리에 어긋남을 범하였던 것입니다. 8년을 버려두었으니, 어찌 징계되지 아니하였겠습니까? 역시 서용하는 것이 어떻겠습니까?" 하고,

이극배(李克培)는 의논하기를, "남이의 역모를 만약 유자광이 적발하지 아니하였으면 그 화(禍)가 차마 말할 수 없었을 것입니다. 죄가 비록 크다고 하더라도 그 공이 족히 죄를 덮을 수 있으니, 서용하는 것이 어떻겠습니까? 심원은 그 조부에게 죄를 얻었으므로 강상을 허물어뜨렸으니, 서용하지 않는 것이 어떻겠습니까?" 하고,

윤호(尹壕)는 의논하기를, "유자광은 파직한 지 이미 오래 되었으니 징계되었을 만하고, 사직에 공이 있으니 서용하는 것이 어떻겠습니까? 심원이 그 조부에게 죄를 얻은 것은 임사홍을 공

격하다가 그렇게 된 것이니 그 죄를 용서할 만하며, 또 학문이 있으니 서용하는 것이 마땅합니다." 하고,

서거정(徐居正)은 의논하기를, "익대의 공을 논하면 유자광이 제일인데, 이제 비록 죄가 있을지라도 공으로 허물을 덮어서 서용하는 것이 어떻겠습니까? 심원은 그 조부에게 죄를 지었으니, 명의(名義)의 죄인인데 가볍게 서용하지 못할 듯합니다." 하고,

허종(許琮)은 의논하기를, "남이가 난(亂)을 꾀할 때에 유자광이 고발하지 아니하였으면 털끝 하나 용납할 시간도 없이 위태로웠을 것인데, 그 공이 매우 커서 다른 보통 사람과 비할 것이 아닙니다. 서용하는 것이 어떻겠습니까? 심원은 학문을 알고 재주가 있는 사람이나 그 조부를 능욕하여 명교(名敎)에 죄를 얻었으니, 그 학문을 무엇에 쓰겠습니까? 아직 서용하지 마소서." 하고,

한치례(韓致禮)는 의논하기를, "유자광은 익대한 공이 중대하니 끝까지 버릴 수 없습니다. 심원은 재주가 있는 사람이기는 하나 그 조부에게 죄를 지었으니, 죄가 말할 수 없이 큽니다." 하고,

김겸광(金謙光)은 의논하기를, "유자광의 익대한 공은 다른 공신에 비할 것이 아닌데, 오래 산지에 불우하게 두고 서용하지 아니함은 대체에 어긋남이 있으니, 공과 죄를 서로 비교하여 마땅

히 공으로 죄를 덮어야 할 것입니다. 유자광은 공이 크고 죄가 작으니, 성상께서 재량하소서. 심원은 그 조부를 능욕하여 죄가 강상에 관계되어 큰 근본을 이미 잃었으니, 재주가 있은들 무엇에 쓰겠습니까? 청컨대 서용하지 마소서." 하고,

이숭원(李崇元), 김종직(金宗直), 이칙(李則)은 의논하기를, "유자광은 처음에는 공신에서 삭제되었다가 이제 돌려주어서 이미 공신이 되었으니, 종신토록 서용하지 않을 수 없습니다." 하고,

이숭원이 의논하기를, "사람을 사람이라고 할 수 있음은 삼강오상(三綱五常)뿐인데, 하나라도 혹시 이지러짐이 있으면 사람이라고 할 수 없습니다. 심원은 그 조부에게 죄를 지었으므로 사람의 도리에 용납할 수 없는데, 이제 만약 서용하면 명교(名敎)를 손상시킬까 두렵습니다." 하고,

김종직과 이칙은 의논하기를, "일찍이 듣건대 심원은 학문을 좋아하여 게으르지 아니하고 유자(儒者)의 도(道)로 몸을 다스린다고 하니, 만약 그렇다면 반드시 조부를 능욕할 이치가 없습니다. 신 등은 심원이 죄를 얻은 것은 광장(匡章)과 비슷함이 있거나 혹은 애매(曖昧)함에서 나온 것일까 의심스러우니, 청컨대 유사(攸司)로 하여금 그때 추핵(推劾)한 문서를 다시 상고하게 하여 다시 의논하는 것이 어떻겠습니까?"라고 하였다.

어서로 이르기를, "과연 여러 의논과 같다. 유자광이 역모를 고한 공은 사직에 있고 붕당(朋黨)을 비호(庇護)한 죄는 현석규에게 있으니 이 두 일을 헤아리건대, 공이 허물을 덮을 만하다.

만약 큰 공이 아니면 죄를 어찌 용서하겠는가? 오늘 정사에 서용할 것이다. 주계(朱溪)의 일은 내가 반드시 그 불효에 대해서 보증하겠다. 그 사이의 일은 내가 자세히 아는 바이니 서용하는 것이 가하다."라고 하였다.

남원 양이를 반대했던 심회를 제외하고는 모두가 유자광의 서용을 찬성했다.

더욱이 특별한 것은 유자광에게 탄핵을 받았던 한명회가 유자광의 서용에 대해, "유자광은 비록 죄가 중하나 공신이니 서용하는 것이 어떻겠습니까?"라고 성종에게 아뢰었다.

서거정은, "익대의 공을 논하면 유자광이 제일인데, 이제 비록 죄가 있을지라도 공으로 허물을 덮어서 서용하는 것이 어떻겠습니까?"라고 유자광의 서용을 찬성했다.

또한 김종직이, "유자광은 처음에는 공신에서 삭제되었다가 이제 돌려주어서 이미 공신이 되었으니, 종신토록 서용하지 않을 수 없습니다." 하였다.

이로 판단할 때 유자광이 조정에서 떠나 유배된 세월이 7년이나 지났는데 무능력자이거나 간신배였다면 조정으로 돌아올 수 있었겠는가?

　유자광은 1485년(성종 16년) 5월에 숭정대부 행 지중추부사로 관직을 제수받았다.

II
좌천과 복권

13
서출

조선시대의 서출은 지금 우리가 생각하는 서출과는 그 개념이 완전히 다르다.

유자광이 무령군의 지위에 있고, 이미 세조 때 익대공신이 되어 아버지와 함께 생모 보령 최씨 부인도 측실이 아니고 정부인으로 봉해졌지만 첩일 때 낳은 자식은 서출이므로 유자광의 동생 유자형과 유자정은 과거조차 보기가 쉽지 않았다.

예종 1년(1469년, 기축년) 7월 22일(계묘)
서얼인 유자광의 동모제 유자형 등 2인을 생원시에 부거하도록 하다

무령군 유자광의 동모제(同母弟) 유자형 등 2인이 생원시(生員試)에 부거(赴擧)하고자 하니, 삼관(三館)에서 서얼이라고 하여

녹명(錄名)을 허락하지 않았다.

유자광이 이를 아뢰니 승정원에 명하여 삼관을 불러서 묻기를, "유자형의 어미가 이미 부인(夫人)에 봉해졌으니, 그 아들이 부거하는 것이 어찌 불가한 것이겠는가?" 하니,

예문대교(藝文待敎) 양수사(楊守泗) 등이 대답하기를, "유자광은 유규의 첩의 아들인데, 유자형이 낳지 않았을 때에 그 어미는 봉작되지 못하였습니다.

지금 비록 유자광으로 인하여 봉작되었으나 유자형이 어찌 음덕(蔭德)을 입을 수 있겠습니까?"라고 하였다. 도승지 권감(權瑊)이 크게 노하였다.

양수사의 지론(持論)이 더욱 굳어지니, 동부승지 정효상(鄭孝常)이 홀로 말하기를, "양수사의 말이 사리에 어긋나지 않는 것 같습니다." 하니 권감이 무안한 기색이 있었다.

임금이 또 예조로 하여금 의논하게 하니 예조에서 아뢰기를, "예도(禮度) 있는 집안에 두 적실(嫡室)은 없습니다. 유규는 이미 적실이 있으므로 유자광의 어미는 첩입니다. 지금 유자광이 공훈이 있는 까닭으로 특별히 정부인(貞夫人)으로 봉한 것인데, 유자형은 봉작되지 않았을 때에 낳았으니 부시(赴試)할 수 없습니다." 하였다.

임금이 원상 홍윤성(洪允成)에게 물으니 홍윤성이 대답하기를,

"세조께서 일찍이 신에게 묻기를, '내가 최적(崔適)을 허통하여 무과에 부거(赴擧)하도록 하고자 하는데, 경의 뜻에는 어떠한가?' 하므로 신이 대답하기를, '인재를 양성하는 것은 임금에게 달려 있으니 오직 성상께서 명하실 바입니다.' 하였더니, 세조께서 드디어 허통하고, 또 유자광을 허통하였습니다.

대간에서 교장(交章)하여 논박하였는데, 그때 세조께서 사정전(思政殿)에 나아가 최항(崔恒)으로 하여금 상소한 끝에 쓰게 하기를, '대간의 말을 어기는 것은 중하지만, 그러나 인재를 쓰려면 그렇게 하지 않을 수 없다.' 하여 입시(入侍)한 종친, 재추, 대간에게 보여 주었습니다.

또한 유자광의 어미는 천인(賤人)이 아니므로, 이제 유자광이 큰 훈로(勳勞)가 있어 그 어미를 봉하였으니 그 아무도 허통하지 않을 수 없습니다." 하였다.

권감이 또 아뢰기를, "예도(禮度) 있는 집에는 두 적실이 없다고 본 예조의 의견이 옳습니다. 그러나 유자광이 일찍이 병조 정랑에 제수되었고, 또 문과에 장원으로 합격하였으며, 또 참지에 제수되었습니다. 이렇게 하여 유자광은 또한 정조(政曹)의 당상(堂上)을 지낸 것입니다. 그 아우는 비록 허통할 수 없다 하더라도 성상의 특지(特旨)가 있으면 가합니다." 하니 임금이 명하여 허통하게 하였다.

유자광은 본래 호남(好男)으로서 지위가 1품에 이르렀으나, 경박하고 광망(狂妄)하기가 옛날과 같았다.

실록에 어떤 이는 기개가 숭상했다고 기록했고, 어떤 이는 경박하고 광망하다고 기록했다.

유자광의 어머니 보령 최씨가 정부인의 벼슬을 가지고 있음에도 그 아들 자형이가 첩의 자식이니 생원시를 볼 수 없다는 것이 중론인데 도승지 권감이 임금의 특명으로 허통케 한 사실을 기록한 것이다.

1487년(성종 18년) 2월 정조사(正朝使)로 중국 북경에서 돌아온 유자광은 그 해 6월에 숭정대부 한성부 판윤의 관직을 제수받았는데, 이는 지금의 서울특별시장과 같은 것이다.

서얼 출신인 유자광이 주요 직책을 제수받은 것에 반대하는 상소와 차자가 며칠간 계속되었다.

의정부에서는 "유자광은 직위가 비록 높다고 하더라도 육조, 한성부, 대성은 있을 곳이 못된다."고 했으니 서얼에 대한 편견은 여전했다.

이에 성종은 "유자광은 일을 다스리는 재주가 있기 때문에 특별히 제수한 것이다. 그러나 내가 마땅히 개차하겠다." 하면서 발령난 지 5일 만에 그 직을 거두고 숭정대부 지중추부사를 제수했다.

그 해 10월에 등극사(登極使)로 우의정 노사신을 모시고 부사가 되어 명의 북경을 방문했고, 1488년(성종 19년)에는 특진관이 되어 성을 축조하는 일이 중요함을 말하며 상서했다.

성종 19년(1488년, 무신년) 5월 27일(경인)
무령군 유자광이 의주 방어의 중요성에 대해 상서하다

무령군 유자광이 상서하기를, "신은 타고난 성격이 어리석고 광망한데다 지식도 모자라며, 미천한 출신으로 이름이 공적에 끼어 지위 높은 품계에 이르렀으니 평민으로서는 극(極)에 이른 출세입니다.

배양(培養)하심이 지나치므로 늘 국가에 보답하려는 뜻을 가지고 잠시도 그 생각이 끊긴 적이 없었습니다. 그러므로 일을 당하면 문득 말을 하게 되는데, 말이 입에서 떨어지기만 하면 비방이 벌써 자신에게 모여듭니다.

아아! 차라리 할 말을 하고서 비방으로 죽는 것을 신은 달게 여기며, 말을 않고서 한선(寒蟬)처럼 되어 세상에 이리저리 휩쓸리는 것은 신이 할 수 없습니다. 더구나 지금 신이 특진관(特進官)

으로 경악(經幄)에서 가까이 모시는 것이겠습니까?

삼가 생각하건대, 전하께서는 문무의 덕을 지닌 하늘이 내신 성군(聖君)으로 여러 임금 중에 뛰어나셨습니다. 미천한 신이 어찌 성덕(聖德)의 만분지 일이라도 보필하겠습니까?

그러나 요사이 경연에서 신이 보고들은 것으로 성덕을 모독(冒瀆)한 것이 8, 9차례나 됩니다. 그 일을 물러 나와 붕우(朋友)에게 들으니, 어떤 이는 신에게 지위를 벗어난 말이라 하고, 어떤 이는 미친 짓이 아니면 망령된 짓이라고 말했습니다.

그러나 신이 스스로 해석하기를, 이미 재상(宰相)의 말미[後]에서 국록(國祿)을 먹는다면 알고 있는 것은 말하지 않음이 없어야 바로 재상의 직분입니다. 또 어찌 반드시 언관(言官)의 직임을 띤 뒤라야 말할 수 있다고 하여 지위를 벗어난 것을 혐의스럽게 여기겠습니까?

또 스스로 해석하기를, 옛사람이 묘당(廟堂)의 윗자리에 있으면 백성을 근심하고, 강호(江湖)에 물러나 있으면 임금을 걱정한다고 했습니다. 임금과 백성을 근심하는 까닭은 하늘이 부여(賦與)한 충분(忠憤)에 격동되어 그런 것입니다. 신을 미치광이라 하고, 망령되다고 하는 것에 대해서는 미혹(迷惑)하지 않습니다. 이미 스스로 해석하였으므로 다시 의주(義州)의 사의(事宜)를 진술하여 감히 면류(冕旒) 아래서 번독(煩瀆)하오니 전하께서는 관심을 가지소서."

 이 글은 유자광의 성격을 잘 나타낸 것으로 자신이 여러 사람들과 부딪친다는 것을 잘 알고 있지만 한선처럼 울지 않는 매미로 세상을 이리저리 휩쓸려 살지 않겠다는 것이다.
 그리고 "늘 국가에 보답하려는 뜻이 잠시도 그 생각이 끊긴 적이 없었다."고 자신의 뜻을 밝혔다.
 또한 주변 사람들이 지위를 벗어난 말을 하는 것이 망령된 짓이라고 말해도 국록을 먹는 재상이면 언관이 아니어도 알고 있는 것은 말하지 않음이 없어야 하는 것이 재상의 직분이라고 하며 의주의 중요성을 간했다.

 1488년에는 장인 박치인의 후처 정씨(鄭氏)가 임금이 환궁할 때에 어가 앞에서 호소하기를, "노구는 의녀서(義女壻) 유자광에게 곤욕을 당하는 바 되었습니다." 하였다.
 이에 임금이 정씨를 승정원으로 명소하여 물으니, "유자광이 치의 형제지매와 더불어 지기를 박치인의 첩으로 만들고, 박치인이 죽자 사흘을 지나지 않아서 내쫓고, 그 가재와 전지를 빼앗겼다."고 호소함으로 의금부로 국문케 한 일도 있었다.

유자광의 벼슬이 높아도 출신이 서출이었기에 낮은 벼슬아치인 시직(侍直) 윤여가 자기의 여종이 유자광의 말에 다친 것에 분노하여 유자광의 집에 와서 행패를 부린 일도 있다.

유자광의 며느리인 청풍군 이원의 딸이 유자광의 집에 왔다가 돌아가려던 참에 말이 길들여지지 아니한 것을 두려워하여 종[奴]으로 하여금 여복을 입고 먼저 타서 시험하려고 집 앞 길에서 연습하는데 윤여의 여종이 기명(器皿)을 이고 오다가 부딪쳤다.

그래서 윤여의 여종이 넘어져 기명이 깨어지고 또 말에 밟혀 다치게 되었는데, 윤여가 자기 여종을 유자광의 집으로 데려와 능욕함으로 동네 구경거리를 만들고 부상한 여인을 두고 가버렸다.

이를 알게 된 성종이, "가령 경(卿)이 잘못하고 윤여가 잘하였다고 하더라도 경은 재상이고 윤여는 낮은 벼슬아치인데, 이처럼 하지 못할 것이다. 마땅히 유사(有司)로 하여금 추국(推鞫)하게 하겠다."고 한 일도 있었다.

14
장악원 제조

1489년(성종 20년) 유자광이 장악원 제조에 임명되자 덕이 없는 사람이 제조가 되었다고 대간의 상소가 빗발치 듯했다.

성종은 좌우를 돌아보며 물으매 모두들 아뢰기를, "대간의 말이 옳습니다." 하니, 임금이 이르기를, "유자광은 재예(才藝)가 있고 또한 하자가 없는 사람인데, 장악원 제조를 어찌 감당하여 맡지 못하겠는가? 다만 유자광은 서얼 출신이기 때문에 이를 빙자하여 말하는 것이 아니겠느냐? 임금은 재질에 따라 임용하는 것인데, 대간이 억지로 단점이 되는 바를 논란하여 헐뜯는다면 재질 있는 사람들이 어느 때에 효과 있게 임용되겠는가?" 하였다.

이에 유자광이 제조에 물러날 것을 청하는 상소문을 올렸다. 이 상소문의 내용을 볼 때 누가 감히 유자광을 자리만 탐하는 인물이라고 할 수 있겠는가?

성종 20년(1489년, 기유년) 11월 1일(을묘)
유자광이 장악원 제조에서 물러날 것을 청하나 의정부 등과 논의하여 체직하지 않다

무령군 유자광이 상소하기를, "신이 무상(無狀)한 몸으로 잘못되어 성상의 권애(眷愛)를 받으므로 특별한 은덕이 내릴 적마다 뭇사람의 비방이 뒤따랐었는데, 이번에는 또한 신이 장악원(掌樂院) 제조(提調)로 임명된 것을 논박하게 되었습니다.

옛적에 진(晉)나라 신하 양호(羊祜)가 말하기를, '덕이 대중을 복종시키지 못하면서 높은 벼슬을 하게 되면 재능 있는 신하들을 진출하지 못하게 만들고, 공이 대중의 마음을 돌리지 못하면서 많은 녹(祿)을 받게 되면 노력하는 신하들을 권장하지 못하게 만든다.' 고 했었습니다.

삼가 생각하건대, 성상께서 매양 신에게 현달한 벼슬을 임명하려 하신 것이 바로 이 말과 유사한 것이어서 논박하게 되는 것이 걱정스럽지 않으니 바라건대 내리신 명을 거두시어 대간의 논란이 그치게 하소서. 그렇게 하지 않으신다면 신이 무슨 덕으로 감당하여 무슨 마음으로 편하게 되겠습니까?

신이 재능도 덕도 없으면서 조정의 반열(班列)에 흠이 지고 욕이 되게 하고 있으니, 진실로 재능 있는 신하들이 진출되지 못하

고 노력하는 신하들이 권장되지 못하여 성상의 공평하고 밝으신 다스림에 누가 될까 싶습니다.

뜻밖에 신이 특별한 성상의 은총을 입어 그만 대간의 논란을 가져 오게 되었는데, 분수를 헤아리며 스스로 요량해보건대, 의리를 보존해야 된다고 생각되어 자신이 묵묵히 있기가 어렵기에, 심혈을 쏟고 간장을 털어 죽음을 무릅쓰고 말씀드립니다."

이에 심회와 홍응은 제조 임명을 반대하나 윤필상, 이철견, 정문형 등은 찬성하였는데 영사 노사신은, "유자광은 재주가 있는 사람인데 장악원에다 쓸 수 없다면 어디다가 쓰게 되겠습니까?" 했다.

또한 손순효는, "무릇 악학(樂學), 지리, 의약 이와 같은 유는 지식이 있는 사람이라야 할 수 있는데, 유자광은 지식이 해박하므로 모두 충분히 담당할 수 있을 것입니다. 다만 지(知)와 행(行)은 각각 다른 것이니, 우선은 또한 시험해 보소서." 했다.

성종이 전교하기를, "지금 여러 의논을 보건대, 유자광이 가하다는 사람이 많으니 체직할 것이 없다." 하였다.

성종이 유자광의 제조 체직을 들어주지 않자 사헌부와 사간원이 함께 유자광의 일을 아뢰었으나 들어주지 아니하였다.

이에 유자광은 1490년 정월에 아뢰기를, "오늘 대관이 또 신을 논하기를, '장악원 제조에 적합하지 아니하다.' 고 하고, 또 '특진관 반열에 있는 것이 마땅치 못하다.' 고 하였으니, 사직하기를 청합니다." 하였으나 성종은 윤허하지 아니하였다.

구숙손이 아뢰기를, "유자광은 임사홍과 사귀고 결탁하여 조정 정사를 어지럽게 하였고, 또 3년에 한 번 근친하는 것이 법인데 유자광은 해마다 돌아가서 근친하고 혹은 한 해에 두 번도 갔습니다. 비록 성상께서 그 청함을 매양 허락해 주신 것이라 하더라도 유자광은 국법을 돌아보지 아니하고서 여러 번 가기를 청하였으니 이 같은 사람은 일을 맡길 수 없습니다." 하니,

임금이 말하기를, "자주 가서 근친하는 것이 무슨 허물이 있는가? 맡겨서 허물이 있은 뒤에 그 죄를 다스리는 것이 가하다." 하였다.

임금의 허락을 받고 부모를 자주 찾아보는 것도 제조를 맡을 수 없는 이유가 된다니 참으로 어이없는 일이었다.

1491년(성종 22년) 12월에 황해도 체찰사(體察使)로 임명되었고, 그 다음 해에는 장악원 제조와 함께 궁중의 음식을 주관하는 사옹원 제조를 맡기도 했다. 1492년에는 남원성의 중요성을 아뢰어 성을 수축케 했다.

1493년에는 강(江)을 통해 세곡을 나르던 참선(站船)이 쉬고 있

던 때를 이용해 땔감을 나른 것이 문제가 되어 승지 노공유는 벌을 받았으나 유자광 등은 벌을 받지 않았으므로 스스로 벌을 청하기도 했다.

성종 24년(1493년, 계축년) 10월 29일(경인)
유자광, 신준, 이육, 박원종이 참선을 빌려 쓴 것으로 죄를 청하다

무령군 유자광, 고양군 신준, 형조 참판 이육, 병조 참지 박원종이 와서 아뢰기를, "신 등이 참선을 빌려 쓴 것은 승지(承旨) 노공유(盧公裕)와 죄가 같은데, 신 등만 용서를 받았으니 황공함을 금하지 못하겠습니다." 하니,
전교하기를, "죄주고 죄주지 아니하는 것은 나의 참작에 달려 있다." 하였다.

재능은 있으나 덕이 부족하여 장악원 제조를 맡겨서는 안 된다는 빗발치는 상소에도 불구하고 4년간이나 장악원 제조를 맡았다. 그러나 생모 보령 최씨 부인이 죽고, 성종이 죽으면서 그 직에서 물러났다.

15
보령 최씨 부인

1410년생인 보령 최씨 부인은 유자광의 생모로서 유규의 본부인인 여산 송씨 부인의 몸종으로 송씨 부인이 1435년경 어린 아들 자환을 남겨두고 병사하자 서른이 가깝도록 자환을 키우며 집안을 돌보았던 것 같다.

유자광의 아버지 정숙공 유규는 그의 시호와 같이 정숙한 사람으로 절조가 있고 심지가 있는 사람이었기에 몇 년간 홀로 살다가 황해도 도사로 부임하기 전인 1439년에 보령 최씨 몸에서 유자광을 생산했다.

최씨 부인은 1457년(세조 3년) 유자광의 아버지 유규가 경주부윤으로 있을 때 뇌물을 준 죄인이 매를 맞다 죽어버린 일로 파직되어 남원으로 내려올 때 함께 내려와 살았다.

1473년 남편이 73세의 나이로 죽은 후에도 남원에서 아들 자형과 자정과 함께 살았는데 같은 해에 둘째인 자형이 죽고, 1479

년에 셋째인 자정도 죽었다.

그리하여 동래에 유배해 있던 유자광을 남원으로 옮겨 4년을 함께 살다가 유자광이 서용되자 또 다시 홀로 지내게 되었다

1487년에 정조사와 등극사로 명의 북경을 두 번이나 다녀와 특진관이 된 유자광은 노모를 봉양키 위해 고향으로 돌아가고자 하나 뜻대로 되지 않았다.

성종 20년(1489년, 기유년) 10월 16일(경자)
무령군 유자광을 노모를 봉양할 수 있도록 돌려보낼 것인가를 의논하다

무령군 유자광이 어미 최씨(崔氏)의 나이가 지금 80인 것을 들어 전문(箋文)을 올려 봉양하러 돌아가기를 바라니, 영돈녕(領敦寧) 이상 및 의정부에 의논하도록 명하였다.

심회, 윤필상이 의논하기를, "어버이가 늙으면 봉양하러 돌아가는 것은 국가에 그에 대한 법이 있습니다. 하물며 유자광이 올린 전문의 말이 격정적이고 간절하니, 마땅히 그의 청을 윤허하시어 지극한 심정을 이루게 해야 합니다마는, 위에서 재량하여 하소서."라고 하였고,

홍응은 의논하기를, "늙은 어버이를 효성으로 봉양하는 것은

곧 다스림을 이루어가는 근본적인 것이니 들어주지 않을 수 없습니다." 하였고,

이극배는 의논하기를, "80의 어버이가 해가 서산에 걸린 것처럼 기운이 간들간들한데 유자광의 격정적이고 간절한 심정이 어찌 다할 수 있겠습니까? 마땅히 돌아가서 봉양하도록 윤허하셔야 합니다. 본도(本道) 감사(監司)에게 명하여 달마다 음식물을 보내어 성조(聖朝)의 늙은이를 늙은이로 대우하는 은덕을 보이도록 하소서." 하였다.

노사신은 의논하기를, "유자광의 어미가 나이는 비록 늙었지만 몸은 오히려 건강하니 서울로 맞아다가 효성으로 봉양한다면 아들로서 효도하게 되고, 신하로서 충성하게 되어 거의 두 가지 다 잘 될 것입니다." 하였고,

윤호는 의논하기를, "유자광은 사직(社稷)에 공이 있는 사람이어서 물러가 쉬게 하는 것은 편리하지 못합니다. 그러나 어버이를 섬길 날이 짧으니 그의 소원에 따라 윤허하셔야 합니다." 라고 하였으며,

이철견, 이숭원은 의논하기를, "《대전(大典)》에 '80세 이상의 어버이가 있는 사람은 두 아들에게까지 돌아가서 봉양하게 한다.' 했습니다. 유자광의 어미가 나이 지금 80이니 마땅히 법대로 돌아가서 봉양하도록 해야 합니다." 라고 하였다.

손순효는 의논하기를, "어버이가 늙어 봉양하려 돌아가는 것은 의리에 만류할 수 없습니다." 하였고,

정문형은 의논하기를, "봉양하러 돌아가게 하는 법이 《대전》에 실려 있습니다. 다만 공신이 봉양하러 돌아갈 적에는 녹(祿)을 잃지 않도록 한 고사(故事)가 있습니다." 하였다.

이 논의는 유자광의 생모인 보령 최씨 부인이 서울로 올라오는 것으로 일단락이 되었다. 유자광의 나이 50세 때의 일이었다.

성종 20년(1489년, 기유년) 10월 19일(계묘)
유자광에게 어미를 서울로 맞아들여 봉양하게 하다

유자광을 명소(命召)하여 전교하기를, "아들이 봉양하러 돌아가는 것은 의리에 옳은 일이다. 그러나 내가 대신의 대우를 마땅히 그렇게 할 수 없다.

경의 어미가 아직도 건강하다니 서울로 맞아다가 봉양하면 또한 되지 않겠는가? 만일 경의 어미가 오지 않으려고 한다면 경이 마땅히 자주 가서 근친(覲親)하고 살펴보며, 병이 심하게 되는 날을 기다렸다 돌아가서 봉양하면 무엇이 해롭겠는가?" 하니,

유자광이 아뢰기를, "신이 마땅히 직접 가서 성상의 분부를 구

전(口傳)하겠습니다. 만일 어미가 올라오려고 한다면 봄 따뜻한 때를 기다렸다 맞아오겠습니다." 하였다.

다음 해 유자광은 성종에게, "어미가 늙어서 말을 탈 수 없다."고 해서 담교군을 청해 서울로 모셔왔고, 1494년 12월에 성종이 죽기 며칠 전 어머니 상을 당했는데 이때 보령 최씨 부인의 나이는 85세였다.

연산은 승정원에게 전교하기를, "유자광이 모친의 상복을 입고 있으면서 임금의 상복을 입겠다고 청하는데 정승들은 그의 소원을 들어주자 하고, 예조는 굳이 들어줄 수 없다고 하니, 어떻게 처치할 것인지, 다시 정승들에게 물으라." 해서 모친상과 국상이 겹친 유자광에게 모친상을 따르게 하도록 결정했다.

보령 최씨 부인의 상여가 서울에서 남원까지 갔다. 대여를 만들어 메는데 1백여 명이 들고 관가에서 인부를 징발하여 번갈아 메고, 사람이 곰의 가죽으로 만든 탈을 써 창과 방패를 가지고 행렬 앞에서 전도하는 방상씨(方相氏)까지 하고, 따르는 하인을 많이 거느려서 관가의 비용으로 먹여 그 폐해가 적지 않았다고 모친상의 사치를 국문하라고 정언 이자견이 간했다.

이에 유자광은 사간원의 탄핵에 대해 상소하기를, "무명과 보통 명주로 꾸미고, 먼 길에 부러지고 상하기 쉽기 때문에 틀 나무를 튼튼하게 만들어 좀 무거웠을 뿐인데, 어찌하여 참의라 하는지 신이 마음속으로 원통하게 생각합니다.

66인이 메고 갔는데 어찌하여 1백여 인이라 하였는지, 방상씨는 법에 의당 사용하는 것인데, 어찌하여 사용할 수 없다 하는지 신은 마음속으로 원통하게 생각합니다.

신이 경기(京畿)에서 남원에 이르는 연로 각 역에 미리 모두 양곡을 모아놓았으며, 양성(陽城), 공주(公州), 연산(連山), 은진(恩津), 여산(礪山), 임실(任實)에는 신의 전장(田莊)이 있어서 이르러 유숙하는 곳에서는 노복들이 각자 마련하되, 그래도 중도 비용이 넉넉지 못할까 해서 두 수레로 잡물과 미두염장(米豆鹽醬)을 싣고 갔습니다.

추종(騶從)은 상여를 호행(護行)하는 사람만이 아니라 일가권속이 모두 갔으니, 그 수효가 많기는 했으나 거리가 먼데 잔폐한 각 고을에서 어찌 다 공궤하였겠습니까마는 약간의 미두·마초를 준 자가 있고, 혹은 상하청(上下廳)의 약간 명에게 공궤한 자도 있고, 길가에 전(奠)을 배설하고 애도한 자까지 있었는데, 신이 요구한 바가 아니라 하여 그것을 물리치지 않은 것은 신의 죄입니다.

이것은 홀로 신이 가는 길에서만 그렇게 한 것이 아니라, 지금 모든 사대부들이 어버이의 영구를 모시고 동서로 나가는 자는 가는 곳마다 모두 그러합니다." 하였다.

또한 성종이 죽기 전 유자광의 생모에게 베풀어준 은혜에 대하여 적었는데 "성종 대왕께서 특별히 병조에 명하여 군인을 내어주시어 한양으로 모셔 오게 하고 매양 어주(御廚)의 진찬(珍饌)을 나누어 주셨습니다.

신의 어미가 죽을 때 나이 85세였는데, 죽을 임시에 성종께서 불편하신 중이지만, 신의 어미의 병을 염려하여 자주 음식을 내리고 병증을 하문까지 하셨으니, 융숭한 은권(恩眷)이 이러했습니다.

죽으매, 남원 먼 길에 신의 한 집안 인력으로는 호행할 수 없으므로 신이 사유를 갖추어 상언하였는데, 성종 대왕께서 신의 상언을 보시고 곧 병조에 분부하시어 특별히 군인을 내주시어, 신의 어미가 서울에서 죽어 고향으로 돌아가 선영에 부장할 수 있었으니 모두가 성종 대왕의 융숭한 은권이 살아서나 죽어서나 두터우시어 천지간에 망극한 것입니다.

신의 어미는 정부인(貞夫人)에 봉작(封爵)되었으니, 예절로 상사를 치러 신의 효도하려는 생각을 다함은 당연한 것인데, 어찌 다른 사람의 비방을 가져오고, 간원이 죄주기를 청하기에 이를 줄 알았겠습니까. 생각이 여기에 이르니, 신의 죄는 죽어 마땅합니다." 하였다.

유자광은 모친상을 치르고, 연산군이 다시 관직을 제수한 1497년까지 남원에서 살았다.

1473년(성종 4년) 부친상으로 인하여 잠시 관직에서 물러났던 유자광은 다시 출사하였으나 성종 7년에 한명회 탄핵사건으로 파직되었다가 복직되었다.

그리고 성종 9년에 현석규를 탄핵한 사건이 붕당으로 비화되어 동래로 유배되었고, 귀양간 지 7년 만인 1485년에 조정으로 돌아왔다가 성종이 돌아가시던 해인 1494년 모친의 별세로 벼슬길에서 또 다시 물러났다.

16
대간

모친상으로 3년 가까이 남원에 살던 유자광은 1497년(연산 3년) 1월 무령군으로 관직을 제수받으며 58세의 나이로 연산조에 나아갔다.

조선조에서 나라를 다스리는 한 방편으로 대간과 대신들의 역할을 분담하여 권력의 치우침이나 부패를 방지하였는데 그 폐단이 심해지자 연산 초기에 논쟁이 벌어졌다.

이에 대해 유자광은 아뢰기를, "대간이 한 말은 모두 들어 주셔야 합니다. 신의 아뢴 바는 단지 아랫사람이 윗사람을 경홀히 여기지를 못하게 하자는 것입니다." 하니,

왕이 이르기를, "국가에서 대간을 둔 것은 임금의 과실을 다 말하게 하자는 것이다. 임금의 과실도 다 말해야 하는데 대신의 과실을 어찌하여 말하지 못하겠느냐. 그러나 이같이 작은 일을 모두 말한다는 것은 역시 불가하다. 그러나 어진 재상이라면 어찌

대간을 두려워해서 소회를 펴지 못하겠느냐?" 하였다.

영의정 노사신은 아뢰기를, "무릇 수의를 하는 것은 가부를 서로 들어서 공론을 채택하자는 것이며, 의자(議者)의 의논드리는 것도 또한 각각 그 뜻을 말하는 것인데, 조금 대간의 뜻과 같지 않으면 곧 논박하기를 '이것은 사(私)를 낀 것이다.' 하니, 이 폐단이 자라나서는 아니 되고, 이 풍습을 바로잡지 않을 수 없습니다." 하였다.

사간 홍식은 아뢰기를, "무릇 의논드리는 데 있어서 그 말이 비록 다르더라도 모두가 공론이면 어찌 감히 논박하겠습니까? 지금 노사신은 사를 끼고 말씀드리면서 끝내 말하기를 '이 풍습이 커가서는 안 된다.' 하니, 이는 전하로 하여금 대간의 말을 듣지 못하게 하는 것입니다." 했다.

집의 강경서는 아뢰기를, "국가에 이익이 되는 것은 공론이지만 국가에 이익이 되지 않는 것은 모두 공론이 아닙니다. 어찌 논박하지 않겠습니까?" 하였다.

연산 3년(1497년, 정사년) 7월 17일(병진)
대간들이 사찰 건립의 일과 노사신의 일에 대해 논하다

조순은 아뢰기를, "노사신이 전일 대간이 구금당함을 보고 기

뼈서 치하했는데 지금 또 이와 같으니 이는 나라를 그르치는 사람입니다. 청컨대 법사(法司)에 회부하여 국문한 다음 죄를 주소서." 하니,

왕이 이르기를, "이미 지나간 일을 어찌해서 추론하느냐?" 하였다.

조순은 아뢰기를, "추론하는 것이 아니라 그 용심(用心)이 그릇됨을 말하는 것입니다." 하니,

왕이 이르기를, "무릇 사람의 말이란 옳은 것도 있고 그른 것도 있으니, 당연히 그 옳은 것을 취하고, 그른 것은 버려야 한다." 하였다.

조순은 아뢰기를, "상의 하교가 지당하옵니다. 그러나 주심(誅心)의 법으로써 따지자면 대신이 국가를 보좌함에 있어 이와 같이 한다는 것은 부당합니다. 노사신이 이미 전하를 그릇되게 인도하였는데, 어찌 대신이라 해서 용서할 수 있습니까. 노사신의 의도는 전하로 하여금 대간의 말을 듣지 못하게 하자는 것이니, 이는 간신입니다."

단종 때 문과에 급제해 집현전 박사로 선임되고, 세조 때 경국대전 편찬을 총괄하고, 1492년(성종23년) 좌의정을 거쳐, 1495년 영의정에 오른 71세의 노사신을 정언 조순은 간신이라 했다.

연산 3년(1497년, 정사년) 7월 30일(기사)
대간들이 주위의 간신들을 물리치고 성덕에 힘쓸 것을 상소로써 간하다

대간이 합사(合司)하여 노사신, 양희지, 신자건의 일을 논계하니 어서를 내리기를, "경들의 말이 두 가지 그른 점이 있다. 강희지의 말이 이치에 합당하니 당연히 채택해야 할 것인데 명전에서 임금을 속였다고 하니 한 가지 그른 점이고, 노사신은 공만을 알고 사는 없는데 '간관(諫官)을 배척하려 한다.'고 말하니 두 가지 그른 점이다. 신자건의 일도 먼저 이미 말했지만 단연코 받아들일 만한 이유가 없다." 하매, 다시 아뢰었으나 듣지 않았다.

이어 상소하기를, "신 등은 듣자오니, '천지는 만물을 무심(無心)에 부쳐서 봄바람 아침 햇볕에 만물이 스스로 번영하고, 가을 서리가 매서우면 만물이 스스로 시든다.' 했습니다. 성인은 하늘을 대신하여 만물을 다스리므로 역시 천지의 마음으로써 자기 마음을 삼아야 합니다.

그러므로 사람에게 상주는 것이 그 사람이 상줄 만하기 때문이지 딴 마음이 있어 상주는 것이 아니며, 사람을 벌주는 것도 그가 노(怒)할 만해서이지 벌주고 싶어 주는 것이 아닙니다. 털끝만치라도 그 사이에 사정을 둔다면 천지와 더불어 서로 짝이 되

지 못할 것이니, 어찌 성인께서 천지를 체 받아 만물을 기르는 도(道)라 하겠습니까!

지금 우리 전하께서 영특하신 자질로 영성(盈成)한 운수를 만나 정사에 임하여 잘 다스리려고 한 지가 지금 3년입니다. 그래서 조정이 청명(淸明)하고, 정사가 닦아지고, 변방의 병진(兵塵)이 일어나지 않고, 백성이 업을 즐기니, 마땅히 근심될 만한 현상은 없을 터인데, 천변(天變)이 자주 일어나 대궐의 기둥에 벼락까지 쳐서 전하로 하여금 경계하느라고 편안히 거처하지 못하게 하니, 신 등은 그 연유를 알지 못하옵니다.

신 등의 생각으로는 전하께서 소인을 내쫓으시고 원억(冤抑)을 펴주시고 정사를 고쳐나가는 것으로 천견(天譴)에 보답한다 하시지만, 그러나 간녕(奸佞)의 괴수인 노사신과 같은 자가 오히려 좌우에 있으니, 신 등은 하늘에 순응하는 실상이 혹 지극하지 못한가 합니다.

노사신은 심지가 여러 겹이고 행동이 난측합니다. 문학으로 장식하여 그 간사한 꾀를 잘 쓰므로 그른 것을 옳다 하고 옳은 것을 그르다 하며, 흑백을 변난하여 성청(聖聽)을 현혹하고 조정을 경멸하고 전하를 기만하니, 그 죄상은 진실로 용서할 수 없는데, 오히려 난색을 표하시고 추국을 허락하지 않으시니, 신 등이 이것이 통분해서 여러 날을 논박한 것입니다.

조순(趙舜)도 역시 충분(充憤)에 격동되어 그 살을 씹어 먹고 싶다 한 것이니, 그 자신으로 보아서는 미치광이 같으나 국가를 위한 계책인즉 실로 충신이온데, 전하는 간신을 비호하시고 충신을 죄주시니, 어찌 천지가 만물에 무심해서 번영하고 시들게 하는 의(義)라고 하오리까!

그 중에도 가장 불가한 자는 유자광입니다. 자광은 본시 호협한 종놈인데 지나치게 발탁이 되자, 제 붕류를 끌어들여 조정을 탁란했습니다. 그러나 공으로써 사형이 면제되고 남쪽 변방으로 귀양을 보냈는데, 자광은 천 리 밖에서 소(疏)를 올려 제 어미를 봉양하게 해달라고 애걸했습니다.

성종은 어필(御筆)로 특허하기를 '죄는 비록 종사에 관련되었으나 효성스러운 마음씨가 가상하니, 어미 있는 곳으로 옮겨 주어 천년(天年)을 마치게 하라.' 하셨습니다.

성종께서 죽이지 않은 것은 어찌 수용하려 한 것이겠습니까. 그런데 후에 공이 중하다 해서 그 녹(祿)을 회복하게 했습니다만, 이러한 소인을 근시(近侍)에 두어서는 안 됩니다.

일전에도 경연에서 여러 가지 말을 늘어놓아, 음으로 대간을 헐뜯었는데, 심지어는 '대간이란 악(惡)을 숨기고 선(善)을 들추어야 한다.' 고까지 말했습니다.

그 지난날의 정사를 어지럽힌 간사한 태도가 지금도 사라지지 아니한 것이오니, 마땅히 특진관을 정하게 선택해서 입시하게 하고, 유자광 같은 자는 잠시라도 그 속에 끼이게 해서는 안 되옵니다.

원컨대 전하께서 확연(確然)히 의심되는 생각을 버리기를 천지의 무심(無心)함과 같이 하시여, 그 충(忠)과 사(邪)의 형적을 살피시고, 신 등의 말을 너그럽게 받아들여, 간사하고 탐녕(貪佞)한 무리로 하여금 조정에 발을 붙이지 못하게 하여 주시면, 국가가 이만 다행함이 없겠습니다. 지금 주상의 하교(下敎)에 '신 등을 몽롱(曚曨)하다.' 하셨으니, 신 등이 죄를 짓고 직위에 있는 것이 부당합니다. 청컨대 사면시켜 주소서." 하였으나 듣지 않았다.

대간들이 연산에게 올린 상소문이 상당히 난해하다.

조정이 청명하고, 정사가 닦아지고, 변방의 병진이 일어나지 않고, 백성이 업을 즐겨 마땅히 근심될 만한 현상은 없을 터인데, 대궐의 기둥에 벼락이 치는 천변이 자주 일어나는 것이 임금 때문이라고 했다.

임금으로 하여금 경계하느라고 편안히 거처하지 못하게 하기 위해서라고 하면서 간녕의 괴수인 노사신과 같은 자가 좌우에 있어 하늘에 순응하는 실상이 지극하지 못해 일어나는 일 같다는 것이다. 거의 공갈에 가깝다. 과연 연산과 대신들은 이를 어떻게 받아들였을까!

　노사신은 간사한 꾀를 잘 써 그른 것을 옳다 하고, 옳은 것을 그르다 하며, 흑백을 변난하여 임금의 귀를 현혹하고 조정을 경멸하고 전하를 기만한다고 하면서 임금이 난색을 표하고 추국을 허락하지 않자 통분해 여러 날 논박했다 한다.

　그리고 분이 격동되어 그 살을 씹어 먹고 싶다고 말한 조순을 실로 충신이라 말하는 이 대간들을 과연 어찌해야 한단 말인가!
　대간이 합사(合司)하여 노사신, 양희지, 신자건의 일을 논계하면서 임금에게 "대간이 한 말은 모두 들어 주셔야 합니다."라고 했던 유자광을 "그 중에도 가장 불가한 자는 유자광입니다. 자광은 본시 호협한 종놈인데 지나치게 발탁이 되자, 제 붕류를 끌어들여 조정을 탁란했습니다." 라고 간했다.
　세조와 예조를 거쳐 성종까지 재상 반열에 있고, 무령군인 유자광을 '본시 호협한 종놈' 이라고 말하며, '지나친 발탁' 이라고 말하는 대간들을 어찌 보아야 할 것인가!
　호협한 종놈을 지나치게 발탁한 세조에게 잘못이 있으니 세조를 벌해야 한단 말인가!
　유자광은 이 대간들의 상소에 바로 사직을 청했으나 허락받지 못했다.

연산 3년(1497년, 정사년) 8월 3일(임신)
유자광이 대간의 논박을 당했다는 이유로 사직을 청하다

유자광이 아뢰기를, "대간이 신을 지적하여 정사를 어지럽히는 소인이라 하옵는데 참람하게 특진관(特進官)으로 있으니 황공함을 이기지 못하겠습니다.
더구나 일전에 윤금손(尹金孫)이 경연에서 또한 '유자광은 족히 헤아릴 것이 못된다.' 고 아뢰었습니다. 신이 이 말을 듣고 곧 인혐(引嫌)하려고 하였으나, 다만 천위(天威)가 두려워서 못했습니다. 지금 또 대간의 말이 이러한데 뻔뻔스러운 낯으로 직위에 눌러 있다는 것은 부당하오니 사직하겠습니다."라고 하였다.
이에 왕이 전교하기를, "조종(祖宗)께서 어찌 소인을 재상으로 삼으셨겠느냐, 좇지 않겠다." 하였다.

사직하고 싶어도 임금의 허락을 득하지 못하면 사직도 마음대로 할 수 없었던 왕조시대였다.

17
무오사화

연산 4년(1498년) 대궐의 기둥에 번개가 치고, 지진이 크게 일어나자 연산 조정의 대간들은 그 이유를 왕과 대신들에게 화살을 돌렸다.

홍문관 부제학 이세영 등은, "화기(和氣)는 덕이 있는 곳에 응하고 궂은 징조는 덕을 잃은 곳에 생기는 것입니다. 전하께서 즉위하신 뒤로 아름다운 기운이 아직 엉겨 있어 음양이 서로 틀리고, 천문이 도수를 잃고, 지도(地道)가 편안하지 못하여 서리, 우박, 번개, 천둥의 변이나 돌이 떨어지고 큰물이 지는 등 거의 조용한 해가 없는데, 지금에 또 경상도 17개 고을이 3일 동안 지진이나 혹은 하루에 네 번까지 쳤으니 변이가 매우 커서 놀람을 이기지 못하겠습니다."라고 상소했다.

그리고 "하늘과 사람의 정을 탐색하고 예와 이제의 논을 참작하오면, 변괴란 헛되이 생기지 않고 반드시 부르는 바가 있다."

면서 변괴가 헛되이 생기지 않는데 덕을 잃었기에 생겼다고 간접적으로 왕과 대신을 탓했다.

재난으로 조정과 민심이 뒤숭숭하던 차에 김일손이 성종실록에 성종의 아버지인 덕종의 후궁 권 귀인을 시아버지인 세조가 불렀는데, 그 분부를 받들지 않았다는 사실을 기록함으로 사화의 발단을 만들었다.

연산 4년(1498년, 무오년) 7월 11일(을사)
김일손의 사초를 들여올 것을 명하니 이극돈이 일부를 절취하여 올리다

전교하기를, "김일손(金馹孫)의 사초(史草)를 모두 대내(大內)로 들여오라." 하매

실록청 당상(堂上) 이극돈(李克墩), 유순(柳洵), 윤효손(尹孝孫), 안침(安琛)이 아뢰기를, "예로부터 사초는 임금이 스스로 보지 않습니다. 임금이 만약 사초를 보면 후세에 직필(直筆)이 없기 때문입니다." 하였다.

이에 전교하기를, "즉시 빠짐없이 대내로 들이라." 하였다.

임금이 보아서는 아니 되는 것을 보기 시작하면서 문제가 점점

커지기 시작했다.

연산 4년(1498년, 무오년) 7월 12일(병오)
김일손을 잡아들여 《성종실록》의 권 귀인과 윤소훈의 일을 캐묻다

의금부 낭청(郎廳) 홍사호(洪士灝)가 김일손을 끌고 들어오자, 의금부에 명하여 허반(許磐)을 잡아오게 하였다.

이때에 김일손이 호조 정랑으로 모친상을 당했는데, 복(服)을 벗자 풍병이 생겨 청도군(淸道郡)에서 살고 있었으며, 허반은 권지승문원 부정자(權知承文院副正字)로 관에 있었다.

명하여 김일손을 좌전(座前)으로 나오게 하고, 전교하기를, "네가 《성종실록(成宗實錄)》에 세조조의 일을 기록했다는데, 바른 대로 말하라." 하니 김일손이 아뢰기를, "신이 어찌 감히 숨기오리까. 신이 듣자오니 '권 귀인(貴人)은 바로 덕종(德宗)의 후궁이온데, 세조께서 일찍이 부르셨는데도 권씨가 분부를 받들지 아니했다.' 하옵기로 신은 이 사실을 썼습니다." 하였다. 전교하기를, "어떤 사람에게 들었느냐?" 하니, 김일손이 아뢰기를, "전해들은 일은 사관이 모두 기록하게 되었기 때문에 신 역시 쓴 것입니다. 그 들은 곳을 하문하심은 부당한 듯하옵니다." 하였다.

전교하기를, "《실록》은 마땅히 직필이라야 하는데 어찌 망령되게 헛된 사실을 쓴단 말이냐. 들은 곳을 어서 바른 대로 말하라." 하였다. 김일손이 아뢰기를, "사관이 들은 곳을 만약 꼭 물으신다면 아마도 《실록》이 폐하게 될 것입니다." 하였다.

전교하기를, "그 쓴 것도 반드시 사정이 있을 것이고 소문 역시 들은 곳이 꼭 있을 것이니 어서 빨리 말하라." 하니,

김일손이 아뢰기를, "옛 역사에 '이에 앞서[先是]라는 말도 있고, 처음에[初]' 라는 말이 있으므로 신이 또한 감히 전조(前朝)의 일을 쓴 것이라면, 그 들은 곳은 바로 귀인의 조카 허반이옵니다." 하였다.

후세의 사가들은 김일손과 좋지 않은 사이인 이극돈이 이것을 임금에게 일러 바쳐서 생긴 일이고, 김종직과 함양 현판 사건으로 감정이 있던 유자광이 김종직의 조의제문을 빌미삼아 김종직에게 보복했다고 기록하고 있다. 정말 그랬을까?

연산 4년(1498년, 무오년) 7월 29일(계해)
유자광에 대한 평가 내용과 무오사화의 전말

유자광은 부윤 유규의 서자로 날래고 힘이 세었으며, 높은 나

무를 원숭이와 같이 잘 탔다.

어려서 무뢰자(無賴子)가 되어 장기와 바둑을 두고 재물을 다투기도 했으며, 새벽이나 밤에 떠돌아다니며 길가에서 여자를 만나면 마구 끌어다가 음간(淫姦)을 하므로 유규는 그 소출이 미천한데다가 또 방종하고 패악함이 이러하니, 여러 번 매질을 하였을 뿐만 아니라 자식으로 여기지 아니하였다.

처음에 갑사(甲士)에 소속되어 건춘문(建春門)에서 파수를 보다가 상소하여 자천(自薦)하니, 세조가 그 사람됨을 장하게 여겨 발탁하여 썼다. 또 무자년(1468년)에 고변(告變)한 공로로써 훈봉(勳封)을 받아 1품의 품계로 건너뛰었다.

그는 일찍이 호걸 지사라 자칭하여 성질이 음흉하여 남을 잘 해쳤고, 재능과 명예가 자기 위에 솟아난 자가 있으면 반드시 모함하려고 하였다.

그래서 한명회의 문호(門戶)가 귀성(貴聖)함을 시기했는데, 마침 성종께서 간하는 말을 기꺼이 받아들이는 것을 보고 기발한 언론으로써 왕의 좋아하는 바를 맞추고자 하여, 마침내 한명회가 발호할 뜻이 있다고 상소하였는데, 왕이 죄로 여기지 아니하였다.

뒤에 임사홍, 박효원 등과 더불어 현석규를 밀어내려고 하다가 실패하여 동래로 귀양 갔었는데, 이윽고 석방되어 왔다.

그러나 왕은 그가 국정을 어지럽게 하는 사람이라는 것을 알고 다만 훈봉(勳封)만 회복시킬 뿐 일찍이 일을 다스리는 소임을 제수하지 아니하니, 유자광은 은택(恩澤)을 엿보고 못하는 바가 없이 꾀를 부렸는데도 마침내 팔리지 않으니, 마음에 항상 불만을 품었었다.

그러던 중 이극돈 형제가 조정에서 권세를 잡는 것을 보고, 그가 족히 자기 일을 성취시킬 만한 사람이라는 것을 알고 문득 몸을 기울여 아부하여 같이 서로 결탁하였다.

일찍이 함양(咸陽) 고을에 노닐면서 시(詩)를 지어 군재(郡宰)에게 부탁하여 판자에 새겨 벽에 걸게 하였는데, 그 후 김종직이 이 고을 원이 되어 와서 말하기를, '유자광이 무엇이기에 감히 현판을 한단 말이냐' 하고, 즉시 명하여 철거하여 불사르게 하였다.

유자광은 성나고 미워서 이를 갈았으나, 김종직이 임금의 총애를 받아 한창 융성하므로 도리어 스스로 납교(納交)를 하고 종직이 졸(卒)하니 만사를 지어 통곡했으며, 심지어는 왕통(王通), 한유(韓愈)에게 비하기까지 하였다.

김일손이 일찍이 김종직에게 수업하였는데, 헌납(獻納)이 되자 말하기를 좋아하여 권귀(權貴)를 기피하지 아니하고, 또 상소하여 '이극돈과 성준(成俊)이 서로 경알(傾軋)하여 장차 우

(牛), 이(李)의 당(黨)을 이루려 한다.'고 논하니 이극돈은 크게 노하였다.

급기야 사국(史局)을 열어 이극돈이 당상(堂上)이 되었는데, 김일손의 사초를 보니 자기의 악한 것을 매우 자상히 썼고 또 세조조의 일을 썼으므로, 이로 인하여 자기 원망을 갚으려고 하였다.

사관들이 쓴 유자광에 대한 평가 내용을 보면 상당히 헛갈린다.

과연 유자광은 어려서 무뢰자로 장기와 바둑을 두고 재물을 다투기도 했으며, 새벽이나 밤에 떠돌아다니며 길가에서 여자를 만나면 마구 끌어다가 음간을 했을까!

유규는 유자광이 그 소출이 미천한데다가 또 방종하고 패악함이 이러하여 여러 번 매질을 해도 말을 듣지 않아 자식으로 여기지 않았다는데 그렇다면 유자광이 떠돌아다니며 홀로 문무를 익혔단 말인가!

유자광이 본시 호협한 종놈인데 지나치게 발탁되었다고 상소했던 대간들이 무슨 말인들 못하겠느냐마는 악한 감정이 개입되지 않고는 말할 수 없는 막말들이다.

이러한 주장들은 막 되먹은 유자광을 벼슬길에 나가게 허통한 세조를 간접적으로 욕하고 있는 것이 아니고 무엇이겠는가!

또한 동래로 유배되어 7년이라는 세월이 지난 뒤에 유자광을 조정으로 다시 불러들인 성종을 간접적으로 비난하고 싶었던 것일 수도 있다.

그렇지 않으면 모친상으로 고향으로 내려가 3년 가까이 잊혀진 유자광을 다시 부른 연산을 탓하고 싶었던 것이었을까?

왕과 그 주변의 대신들을 간신이거나 무능한 자들로 만들어 다 내쫓고 신진 사류에 의해 새로운 사회를 건설하고 싶었던 것이었을까?

누군가 욕을 먹어야 하는 악역이 필요했다면 양반가에 태어나도 오르기가 쉽지 않는 벼슬을 세조, 예종, 성종, 연산까지 하고 있는 60살 먹은 노신인 서얼 출신 유자광이 적격이었을 것이다.

유자광은 함양의 현판 철거 건으로 김종직이 미워서 이를 갈았으나 김종직이 임금의 총애를 받고 한창 융성해 있었기에 그에게 아첨하며 호시탐탐 보복할 기회를 노리고 있었다고 한다. 거의 픽션에 가깝다.

진실로 김종직의 조의제문은 단종과 전혀 관계가 없는 내용이었단 말인가?

그렇다면 무오사화로 많은 이의 목숨을 앗아간 관련자 모두 후세에 비난을 받아야 하겠지만, 그 내용이 진정 단종에 연민을 느

껴 간접적으로 세조를 비난하고 있었다면 조정은 그것을 어떻게 처리했어야 옳았을까?

태평성대였더라면 김종직이라는 문장가가 단종에 대한 애틋한 연민을 나타낸 글이었기에 문제가 되지 않을 수도 있었을 것이다.

그런데 김종직의 제자 김일손이 발단을 일으켜 조의제문을 수면 위로 떠오르게 했다.

자연 재해로 조정과 민심이 흉흉하고 왕권이 대간들에 의해 도전 받고 있었다면 연산은 그것을 어떻게 처리했어야 했을까?

단종을 편드는 것은 무언 중 어린 단종을 죽인 세조를 비난하는 것이 되고, 그리고 그 아들 성종을 비난하는 것이 되며, 연산의 정통성을 의심케 하는 것이 된다.

그것은 곧 왕권에 대한 도전이다. 그렇지 않아도 생모가 폐비가 됨으로 자격지심을 가지고 있었을 연산의 심기를 매우 불편하게 했을 것이다.

세조와 성종을 좋지 않은 임금으로 몰아가는 대간들을 다루기 위해서는 폐비의 아들로 왕이 된 연산에게 왕의 위상을 높이기 위해 희생양이 필요했던 것은 아니었을까?

김일손이 덕종의 후궁 사건으로 연산에게 빌미를 제공했고, 조사하다 보니 김종직의 조의제문으로 불길이 옮겨 타올랐다.

세조와 성종을 섬겼던 나이들은 대신들이 자신을 간신들로 몰아가는 젊은 신진 사류들을 그냥 놔둘 수 없었을 것이다.
　이 사건으로 인하여 김종직은 부관참시 당하고, 사림의 김일손, 권오복, 이목, 허반, 권경유 등은 죽임을 당했다. 그리고 정여창, 김굉필 등은 귀양을 갔으며, 이극돈, 유순, 윤효손 등은 수사관으로서 문제의 사초를 보고하지 않은 죄로 파면되었다.

18
박논

남원에는 유자광이 남원 요천에서 은어를 잡아 축지법을 써 당일 임금님 수라상에 싱싱한 은어를 올렸다는 전설이 구전되어 내려오고 있다.

조선왕조실록을 보면 이봉준의 벽서(壁書) 사건의 진상을 조사하기 위하여 함경도로 파견 나간 유자광이 생전복, 굴, 조개를 임금께 올린 적이 있다.

비록 유자광이 궁궐의 음식을 총괄하는 사옹원 제조였지만 사사로이 음식을 올릴 수 없었기에 이것이 문제가 되어 유자광의 죄를 탄핵하는 상소가 이어졌다.

연산 5년(1499년, 기미년) 1월 12일(임신)
유자광이 사사로이 진상한 잘못에 대한 죄를 기다리니 개의치 말라 하다

무령군 유자광이 아뢰기를, "신이 사옹원(司饔院)의 제조로서 맛있는 것을 보면, 헌상하고 싶은 마음을 어쩔 수 없습니다. 이런 연고로 사리를 헤아리지 못하고 헌납하였사온데, 지금 대간의 논박이 이토록 심하므로 황공 대죄하옵니다." 하니, 전교하기를, "피혐(避嫌)하지 말라." 하였다.

그러자 탄핵하는 상소가 정월달 내내 이어지더니 2월 중순까지 갔고, 유자광은 사사로이 생전복 등의 해물을 올린 일로 특진관과 도총관 직을 물러나야 했다.
 이런 일로 미루어 볼 때 남원 요천에서 은어를 잡아 진상했다는 이야기는 그냥 전설인 것 같다.

7년 동안 귀양살이를 했던 유자광을 성종이 다시 서용하는데 찬성을 했던 서거정(徐居正)이 유자광을 빗대어 쓴 수직론(守職論)의 대략은 이렇다.
 "무릇 백물이 각각 그 직분이 있다. 소는 밭갈이를 직으로 하고, 말은 사람 태움을 직으로 하며, 닭은 새벽을 알리는 것을 직으로 하고, 개는 밤에 도둑 지키는 것을 직으로 한다.
 능히 그 직분을 직으로 함을 수직이라 하며, 그 직을 직분으로 하지 아니하고 다른 직으로 대신함을 월직(越職)이라 한다.

월직하면 이치에 어긋나고, 이치에 어긋나면 화를 받게 된다. 이제 예를 들어서 비유하자. 닭이 새벽에 울지 않고 밤에 운다면 사람들은 모두 놀라 괴이하게 여겨 책양(磔攘)할 터이니 이것이 월직에서 오는 화가 아닌가?

또 보건대 사대부가 집에 거하매 남자 종은 밭갈이를, 여자 종은 베 짜기를 직으로 하여서 그 가사가 다스려지는데, 만약 남자 종이면서 베를 짜고 여자 종이면서 밭을 간다면 사람들은 모두 놀라 괴이하게 여길 것이다. 어찌 책양의 화가 아니겠는가?

나라를 다스림에 있어서, 공경재집(公卿宰執)은 공경 재집의 일을, 근시대간(近侍臺諫)은 근시 대간의 일을, 설어복종(褻御僕從)은 설어 복종의 일을, 부사서도(府史胥徒)는 부사 서도의 일을 각각 직으로 한다.

근래 아무개는 미천한 신분에서 요행한 인연으로 맹부(盟府)에 참여하고 관직이 1품에까지 올랐다. 그의 직책은 대간이 아닌데도 대간의 직분을 직으로 한다. 그는 상소로써 인물 탄격(彈擊)하기를 좋아한다.

'아무개는 어질다면 어질고, 재사라면 재사며, 문장이라면 문장이다. 그러나 월직하여 논사하기를 좋아하니, 닭이 밤에 울다가 아마도 책양(磔攘)당하는 화가 일어날 것이다.' 하였는데, 얼마 되지 않아서 조정의 사대부는 붕당을 지어 난정(亂政)하였다

하여 처벌을 당하였고, 당에 붙은 권력자는 남의 죄를 얽어 거짓을 꾸며 상소하다가 훈적에서 삭제되고 먼 변방으로 유배되었다.

사람들은 모두, '이것이 월직한 화다.'라고 하였다. 그러니 군자는 직분을 지키는 것이 귀중한 일이다." 라고 했다.

이에 대한 유자광의 변명을 들어 보면 나름 일리가 있어 여기에 옮긴다.

연산 7년(1501년, 신유년) 9월 17일(임진)
유자광이 서거정의 저술에 대해 상소하다

유자광이 상소하기를, "삼가 생각하건대, 서거정이 저술에서 신이 한명회의 부도(不道) 죄를 다스리기를 청한 일에 대하여 갖은 말로 신을 헐뜯었으니, 모르겠으나 서거정은 감히 한명회에게 부도 죄가 없다고 하는 것입니까? 그 저술에 어째서 도리어 신이 속여서 상소했다고 하는 것입니까?

한명회는 성종을 가리켜 신하로서는 도저히 입 밖에 낼 수 없는 크나큰 부도의 말을 했고, 정희왕후(貞熹王后)에게 청하여 정권을 성종께 돌려서는 안 된다고 했으니, 한명회의 죄는 죽어 마땅합니다.

그때는 한명회의 권세가 두려워서 비록 대간일지라도 감히 의

견을 남김없이 말하여 처벌하기를 청하지 못했는데, 신이 홀로 분연히 몸을 돌아보지 않고 누차 글을 올려서 법에 의해 조치하기를 청했던 것입니다.

성종께서도 신에게 죄가 있다고 하지 않았고, 대간도 또한 신을 그르다고 하지 않았습니다.

신은 하찮은 공로가 있어 나라와 더불어 휴척(休戚)을 같이하고 있으니, 한명회의 죄를 다스리는 것은 본래 그 직분입니다.

무오년(1498년)에 윤필상, 노사신, 한치형과 신 등이 김종직과 김일손의 변란을 상고했는데, 난신적자(亂臣賊子)의 부도(不道)의 죄악을 반드시 대간이어야 말할 수 있는 것입니까?

서거정의 저술에, 또 신더러 권세에 붙어 요행히 맹부(盟府)에 참여했다고 말한 것은 무슨 일입니까?

무자년(1468년)에 신이 병조 참지로 있었고 신승선이 참판으로 있었는데, 그 해 9월에 세조께서 승하하여 재궁(梓宮)이 빈소에 있었습니다.

남이가 몰래 흉도들과 결탁하고, 강순(康純)은 전조(前朝) 때 반란을 일으킨 정중부(鄭仲夫)의 전기를 찾아 읽고서 조정을 경복시키려는 계획이 기일 이미 임박했는데, 뜻밖에 그 계략이 신에게 누설되어, 신은 반역 사실을 듣고 곧 창황히 말을 달려 빈소 옆에서 상주하였으니, 그때가 2경(二更)이었습니다.

그날 밤에 신승선이 마침 내병조(內兵曹)에 입직하였는데, 예종이 놀라고 동요하여 신과 신승선에게 명하여 대궐 안에 경계를 펴고, 시위군(侍衛軍)을 조처하여 남이 등의 일당을 매우 많이 잡았고, 모두 법에 의하여 죄를 다스렸습니다.

예종께서는 논공(論功)할 때에 신을 첫째로 삼았고, 신승선을 그 다음으로 삼았으니, 신은 권세에 붙어 요행으로 맹부에 참여한 것이 아니라는 것은 무릇 귀와 눈이 있는 경향의 온 나라 사람들이 어느 누가 이를 몰랐겠습니까?

신의 전복[鰒]을 진상한 것은 다름이 아니라 미나리를 바치는[獻芹] 정성이 염두에서 솟아나왔기 때문입니다.

신이 사옹원의 노신으로서 우연히 공무로 출행했다가 대낮에 전복을 가지고 진상한 것입니다.

신은 듣건대, 조종(祖宗) 때에도 대신들이 모두 사사로이 진상했다 합니다.

세조 때 정승 구치관(具致寬)은 청백(淸白)과 도덕이 그보다 나은 사람이 없었으나 집에서 빚어 만든 맛있는 술을 끊임없이 진상했으며, 세종 때 대제학 변계량(卞季良)은 문장과 도덕이 세상에 모범이 되었으나 사사로이 두부(頭腐)를 진상했다 하니, 그것이 모두 심술의 욕심에서 나와 세종과 세조께 무엇을 요구하느라고 그렇게 하였겠습니까?

그 당시에도 구치관과 변계량의 심술이 바르지 못하다고 논박한 일이 있었으니, 전하께서 살펴 주시기를 삼가 바라옵니다.

신은 나이가 지금 63세이므로 죽을 날이 멀지 않아 밤중에 자지 못하고 손가락을 꼽아 가며 평생 일을 세어보았습니다만, 가정에서는 불효한 행실이 없었고, 나라에서는 불충한 사실이 없었습니다.

다만 타고난 성질이 고지식하므로 나라의 은혜에 감격하여, 젊었을 때부터 늙을 때까지 남의 악한 것을 보면 숨김없이 말하고, 남의 잘못을 들으면 숨김없이 알렸습니다.

이런 까닭으로 혼자서 행하여 형상이 외롭고 남의 싫어하는데 부딪쳐 원수가 많습니다.

그리하여 천안(天安) 지방의 사람들은 또한 김종직, 김일손의 옥사가 신으로 인하여 일어났다고 생각하여 칼과 화살로 신을 쏘려고 하는 지경에 이르렀으니, 그 밖의 원수들이야 어찌 이루 다 말할 수 있겠습니까?

신을 논박하는 사람이 만약 한명회의 부도(不道)한 죄를 죄가 아니라고 하고, 서거정의 저술이 본받을 만하다고 말하거나, 또 구치관과 변계량의 심술이 바르지 못하다고 말한다면, 신은 마땅히 할 말이 없겠습니다. 전하께서는 삼가 살펴주소서."

나라에 대한 충정과 타고난 성질이 고지식해 남의 악한 것을 보면 가만히 있지를 못한다고 하니 도대체 이를 어찌 해야 한단 말인가!

할아버지 유두명이 헌관으로서 태종에게 바른 말을 하여 외직인 밀양 부사로 쫓겨났고, 아버지 유규가 가는 곳마다 청렴하고 엄숙했다고 하니 그의 자손다운 면모였는지 모르겠다.

19
갑자사화

유자광은 1501년(연산 7년) 겸오위도총관(兼五衛都摠管)의 관직을 제수받았다.

이에 장령 정인인이, "전일에 언관이 유자광의 언행과 심술을 논핵하자 곧 체직하기를 명하였으므로 사림들이 모두 통쾌하게 여겼었다."고 하면서, "지금 다시 관직을 제수하였으니 소인의 진용과 퇴출이 군주의 현명과 혼안(混眼)에 관계된다."고 간하며 체직을 요구했다.

임금이 유자광에게 관직을 다시 주는 것을 보니 현명치 못하고 흐려진 안목이라고 했다. 그러면서 사헌부와 사간원이 나서더니 마침내는 대사헌과 대사간이 유자광을 벌주기를 청했다.

왕이 이를 들어주지 않자 대간들이 달포가 넘도록 궁궐 앞에 엎드려 상소했다. 그래도 윤허를 얻지 못하자 모두 사직했다.

홍문관까지 상소하여 유자광을 논박하고, 아울러 대신들이 몰래 유자광을 편든다는 등의 말로써 논박하자 좌의정 성준과 우의정 이극균 등의 대신들이 사직을 청했다.

영의정 한치형이 아뢰기를, "대간이 홍문관과 더불어 유자광이 전복[鰒]을 진상한 일을 가리켜 소인이라고 말하나, 신 등의 생각으로는 별도 다른 뜻이 없었다고 여겨지므로 의논해서 아뢰었던 것입니다."라고 하면서 "그들의 상소에 '차라리 전하를 저버릴지언정 유자광을 감히 저버릴 수는 없다.'고 했으나, 신 등이 유자광에게 무엇을 바라는 것이 있어서 저버리지 않겠습니까?" 하며 사직을 청했다.

우의정 이극균도, "설사 유자광의 권세와 지위가 신의 위에 있더라도 털끝 만큼이라도 감히 유자광에게 아첨하여 전하를 저버리지는 못할 것인데, 하물며 지위가 신의 아래에 있고 권세가 삼공을 겁줄 것이 없는데이겠습니까?" 라고 말하며, "그들이 논박한 것에 위배되었다고 온갖 말로 꾸짖고 욕했으니, 옛날부터 지금까지 이런 일은 없었습니다. 이 풍습이 만약 자란다면 위로 공경(公卿)으로부터 아래로 백관에 이르기까지 오직 홍문관의 말만을 들어야 될 것이니, 누가 감히 어기겠습니까?" 라고 억울해하며 사직을 청했다.

연산 1년부터 폐비 윤씨의 일로 가슴 아파하던 왕에게 홍문관 부제학 박처륜 등은 연산에게, "어미 때문에 아비의 명을 어긴다면 이는 정만 따르고 예를 폐하는 것이 된다."고 하면서 "모자의 정은 비록 간절하나 모자의 예는 행하지 못할 것이 있습니다."라고 간했다.

성종이 연산의 생모 윤씨를 중전에서 폐하고 임인년(1482년)에 사사한 후, 7년이 지난 기유년(성종 20년)에 어서를 내렸는데, "어미가 자식으로 인하여 영화로워짐은 임금의 영화요 후일의 간사함을 방지하는 것은 임금의 정사이다. 지금 세자의 정이 어찌 측연하지 않겠는가! 지금 특히 제사지낼 것을 정하여 아들의 마음을 위로하고 또 혼의 정을 감동케 하니, 내가 죽은 뒤라도 길이 고치지 말아서 아비의 뜻을 따르라." 했다.

폐비 윤씨에 대한 어떠한 것도 건들어서는 안 되는데 윤필상, 노사신, 정문형 등이 의논하기 시작하며, 묘가 능으로 되고, 사당이 세워지고, 제헌왕후로 봉하여지면서 갑자사화가 발생했다.

연산 10년(1504년, 갑자년) 3월 25일(병술)
폐비를 제헌왕후로 추증하는 교서를 내리다

교서를 내리기를, "내가 어린 나이로 듣고 봄이 없으면서 외람되이 큰 전통[大統]을 계승한 지 10년이 되었다. 그 연유를 캐물어 비로소 그 사실을 알게 되니, 하늘 아래 다시 없을 그 슬픔이 어찌 끝이 있으랴."

여러 의논을 모아 제헌(齊獻) 왕후로 추존하고, 묘도 높여 능으로 한다. 그 큰일을 얽어 만든 자가 아직도 선왕 후궁의 반열에 있으므로 곧 죄주고, 산 자나 죽은 자를 서인(庶人)으로 하니, 거의 간사함을 다스리는 법을 바로잡고 하늘에 계신 원한을 씻어, 나의 애통하고 그립기 이를 데 없는 심정을 펴게 되었노라." 하였다.

연산 10년(1504년) 윤 4월에 노신 윤필상은 그 당시 영의정으로서 윤비의 폐위를 막지 않았다는 이유로 추죄되어 사약을 받았다. 79세의 나이였다.

이로 인하여 이미 사망한 한명회, 정창손, 정여창, 한치형 등은 부관 참시에 처해졌으며, 그의 제자들과 가족들도 처벌받았다.

연산군의 생모가 폐위될 때 동래로 유배를 가 7년 동안이나 조정과는 아무런 연관이 없던 유자광에게도 불똥이 튀었다.

좌의정이던 이극균이 귀양 갔다가 사사되었는데 이극균과 친분이 있었다는 이유로 유자광에게 벌이 내려졌다.

연산 10년(1504년, 갑자년) 윤4월 28일(무자)
이극균과 사귄 유자광, 임사홍을 충군시키게 하다

전교하기를, "이극균은 발호(跋扈)한 사람인데 사귀어 명함을 들인 데에는 반드시 정실이 있을 것이다.

유자광, 임사홍은 직첩을 거두어 경기도에 충군(充軍)하고, 조순도(趙順道), 이순(李珣), 이육(李堉), 한철장(韓哲長), 정은부(鄭殷富), 김철수(金鐵壽), 김세균(金世鈞)은 직첩을 거두어 분배하고, 그 나머지는 장 40을 속바치게 하고, 그 중 무사는 먼 변방으로 충군하고, 그들의 친족은 중도에 충군케 하라." 하였다.

이 일은 바로 번복되었는데 왕이 정승들에게 전교하기를, "유자광, 임사홍이 이극균과 친근하게 지냈다 하여 이미 충군하기를 명하였는데, 지금 반복하여 생각해 보니 임사홍은 폐비할 때에 곡읍(哭泣)하며 그 불가함을 극력 진언하였으니 그 공이 어찌 크지 않으랴. 장형(杖刑)으로 속하고 본직을 돌려주라. 그리고 유자광도 역시 장형으로 속하여 파직하고 충군하지 말라." 하였다.

유자광은 귀양살이를 하고 있었기에 연산의 생모 윤빈의 폐위 사건과도 관계가 없고, 폐비 윤씨의 죽음과도 관계가 없다. 그렇다면 유자광도 매 맞고 파직 당했으니 갑자사화의 피해자라면 피해자이다.

후세의 많은 사람들이 임사홍과 함께 유자광이 갑자사화를 일으킨 것처럼 말하고 있으나 그렇지 않다.

연산 12년(1506년, 병인년) 8월 15일(임술)
폐비 윤씨의 기일에도 나인들과 음난 행위를 하다

왕이 후원에서 나인들을 거느리고 종일 희롱하고 놀며 노래하고 춤추었는데, 이날은 곧 폐비 윤씨의 기일이었다. 왕은 또 발가벗고 교합(交合)하기를 즐겨 비록 많은 사람이 있는 데서도 피하지 않았다.

무오사화와 갑자사화를 겪으며 많은 피를 보았던 연산은 점점 난폭해지더니 광란에 가까운 생활을 하기 시작했다.

20
중종반정

유자광은 1506년(연산 12년) 정월 초하룻날에 다른 사람들의 죄와 다르니 복직시키란 어명으로 복직되었다.

그 해 9월 2일 지중추부사 박원종, 부사용 성희안, 이조 판서 유순정 등이 주동이 되어 연산을 폐위하고, 진성대군을 중종으로 옹립하는 중종반정이 일어났다.

임사홍, 신수근, 신수영은 맞아 죽었고, 유자광, 신윤무, 박영문, 장정, 홍경주는 1등 공신으로 책정되어 유자광은 무령 부원군으로 관직을 제수받았다.

중중의 조강지처 신씨는 신수근의 딸이라는 이유로 궁에서 쫓겨났다.

얼마 후 유자광은 겸영경연사(兼領經筵事)로 관직을 제수받았는데 중종 2년 정월에는 검소함을 실천하여 백년대계를 이루라고 상소했다.

중종 2년(1507년, 정묘년) 1월 3일(정축)
유자광의 검소, 수신에 관한 상소

무령 부원군 유자광이 상소하였는데, 내용은 대략 다음과 같다.

"들으니, 이 달 초1일에 명하시어 신을 문채나게 꾸미는데 단자(段子)를 쓰지 말고 면주(綿紬)로 대신하게 하였다 합니다. 전하의 이 마음은 실로 종사(宗社) 신민 억만년 한없는 복입니다.

예로부터 제왕(帝王)이 일어날 때 처음에는 검약한 덕으로 힘쓰지 않은 적이 없었지만, 태평한 세월이 오래되고 천하에 일이 없게 되면 풍습이 자연 교만과 사치를 숭상하고, 물욕이 서로 마음을 가리게 되는 것입니다.

그리하여 마음을 바로하지 못하고, 몸을 닦지 못하며, 집과 나라를 다스리지 못하여 그만 망하게 되는 것입니다.

바라건대 전하께서는 이 점을 생각하시고 실천하시어, 검박한 덕을 힘쓰시고 백년대계를 생각하소서."

1507년에 대광(大匡)의 벼슬에 오른 유자광은 박경, 김공저 등이 자신을 시해하려 했던 사건을 조사하며 목숨의 위태로움을 느끼고 시골로 내려갈 것을 청하는 상소를 올렸다.

중종 2년(1507년, 정묘년) 2월 2일(병자)
유자광의 낙향 상소를 불허하다

무령 부원군 유자광이 '김종직의 여당(餘黨)이 비밀히 중상하려 하니, 안심하고 서울에 있을 수 없다.' 하면서 시골로 물러가기를 청하고 이어 상소하였는데,

그 사연에, "생각건대 정해년(1467년)에 길성(吉城) 사람 이시애가 군민을 선동하여, 감사, 병사 및 여러 진(鎭) 장수들을 죽이고 반란을 일으키니 온 도내가 호응하여 그 형세가 측량할 수 없게 되었습니다.

세조 대왕께서 장수를 명하여 가서 치게 하였으나 여러 장수들의 외겁(畏怯)하여 머뭇거리므로 신이 적을 평정하는 계책을 올렸습니다.

그 계책이 어리석고 망령되기는 하였지만 세조께서는 어리석다 하지 않으시고, 신을 미천한 지위에서 발탁하여 특히 병조 정랑에 임용하시었습니다. 얼마 뒤에 신은 문과 갑과의 제1인으로 출신하여, 정랑에서 참지에 승배(陞拜)되었습니다.

무자년(1468년)에 세조께서 승하하시어 재궁(梓宮)이 빈소에 있는데, 남이가 반역을 도모하다가 모의가 신에게 누설되었습니다. 신이 곧 변고를 올리니 예종께서 역당을 베어 제거하고, 신

에게 공신 칭호를 하사하여, 지위가 숭정(崇政)에 이르고 군에 봉해지니, 국은이 망극하여 몸 둘 바를 몰랐습니다.

성묘(成廟)를 섬기게 되면서부터는 역대에서 특별히 대우하신 은혜를 갚을 것을 생각하고, 스스로 몸을 돌보지 않으면서 아는 것을 말하지 않음이 없고, 권세를 피하지도 않았습니다.

삼공, 육경으로부터 대간, 시종(侍從)의 시비에 이르기까지 말하지 않음이 없었던 것입니다. 그리하여 온 세상이 모두 신을 원수로 여기게 되어버렸습니다.

그리고 김종직의 사실을 듣고서는 신이 윤필상, 노사신, 한치형 등과 함께 아뢰어, 종직의 음당(陰黨)들이 복주(伏誅)하게 되었습니다.

그러나 지금까지도 김종직을 위하여 신을 죽이려는 자가 있으니, 신은 항상 위구(危懼)하여 하루도 스스로 보전할 수가 없습니다.

그렇지만 언제나 혼자 생각으로는 역대를 섬기면서 도왔던 효험은 없었지만, 충의 하나만은 맹세코 저버림이 없었다고 생각합니다.

충의를 저버림이 없는데도 여러 사람의 훼방 속에 죽어 지하에서 세조를 뵙는다면, 이 역시 마음으로 달게 여기는 일입니다.

김종직은 세조의 원수 역적이요 그 악이 시해(弑害)와 반역보

다도 더한 자로서 세조에게 원수일 뿐만 아니라 또한 세조의 성자신손(聖子神孫) 대대로의 원수인 것입니다.

그리고 세조를 섬긴 공경세가(公卿世家)의 공동 원수로 삼을 자일 뿐만 아니라 또한 세조의 성자신손을 섬기는 신민의 공동 원수로 삼을 자인 것입니다.

통탄할 일입니다. 종직이 주륙된 지 이미 10년인데 어찌하여 아직도 그 잔당이 있어 속으로 신을 죽이려 하면서 잊지 못하고, 반드시 신을 죽을 곳에 넣은 뒤에야 그만두려는 것입니까?

윤필상, 노사신, 한치형은 이미 죽었으니, 외로이 서 있는 신(臣) 한 몸이 어찌 당해내겠습니까?

바라건대 전하께서는 굽어 살피소서. 조정에서 귀신과 도깨비 행동을 하지 않는 사람이 종직을 위해 유자광을 죽여야 한다고 드러내어 말하는 자가 있다면, 신은 웃으면서 땅속으로 들어가겠습니다.

신은 언제나 세조를 추모하여 마음과 입으로 서로 말하며, 늘 하늘을 가리키면서 탄식하고 눈물을 흘리고 있습니다. 바라건대 전하께서는 굽어 살피소서.

신의 나이 69세입니다. 쇠하고 병은 상래기 날로 더해가니, 바라건대 전하께서는 신에게 전리(田里)로 돌아가는 것을 허락하시어 김종직 여당(餘黨)의 뱃속에 품은 칼날을 피하고, 신명을

보전하게 하여 주소서." 하였는데 소가 들어가자,

전교하기를, "무오년의 일이 지금 벌써 10년인데 아직도 이런 말이 있어 원훈 대신으로 하여금 안심할 수 없게 하니, 나 역시 어찌 안심할 수 있겠는가! 그러나 이것으로 하여 고향으로 물러가 있을 수는 없다. 이 소 역시 조정에 보여야 하겠다." 하였다.

69세로 쇠하고 병든 상태가 날로 더해간다며 전리로 돌아갈 것을 허락해달라고 상소를 올렸지만 중종은 이를 허락하지 않았다.

지금 생각으로는 그냥 그만 두면 될 것 아니냐고 반문할지 모르겠지만, 처음부터 벼슬길에 나오지 않았으면 몰라도 한 번 벼슬길에 나왔다면 물러나고 싶어도 임금의 허락을 득해야 가능했던 것이 왕조시대 신하의 도리였다.

21
탄핵

　1507년 4월에 무령 부원군 유자광이 진폐단자(陳弊單子)를 가지고 빈청에 나갔다가 이어서 고성, 창녕 등의 수령의 일을 임금께 아뢴 것이 문제의 발단이 되었다.
　유자광이 중종께 아뢴 내용은 다음과 같다.
　"신이 박영문(朴永文)을 만났더니 박영문이 신에게 말하기를, '고성 백성 허원필(許元弼)과 창녕 백성 김이형(金利亨) 등의 말이 우리 성주(城主)는 백성 다스리는 실적이 제일인데 대간이 무엇을 듣고서 파직하게 한 것인가?' 하였다 합니다. 신이 대간의 의사를 모르지만, 만일 과연 잘 다스렸다면 파직함이 미안한 것 같습니다. 이번에 그 도 감사(監司)가 한양에 왔으니 청컨대 감사와 허원필, 김이형이 사는 두 고을 상번(上番) 군사에게 하문하시면 알 수 있겠습니다." 라고 아뢰었다.
　중종이 전교하기를, "대간이 이미 아뢰어 파직한 것이니 고칠 수 없다." 하였다.

유자광이 아뢴 진폐(陳弊)의 대략은 양주(楊州), 광주(廣州) 등 7읍(邑) 철거민호(撤居民戶)의 전세(田稅)를 감하자는 것과 관리의 출척(黜陟)을 엄격히 하고 도적을 금하는 문제 등이었다.

유자광이 고성 현령 안극종(安克從)과 창녕 현감 심광종(沈光宗)의 파직에 대하여 박영문의 이야기를 듣고 임금께 아뢴 것이 화근이 되어 그 다음 날부터 유자광을 탄핵하는 상소가 줄을 이었다.

"안극종, 심광종을 파직시킨 대간이 일을 잘못했다는 것이냐?"는 항의성 상소는 유자광을 벌주어야 한다는 것으로 확산되었다.

중종은 전교하기를, "근일 우박이 있으므로 구언(求言)을 하였더니, 유자광이 시폐(時弊)를 조진(條陳)하면서, 고성, 창녕 수령들에 관한 일을 함께 말한 것이니 무슨 다른 생각이 있겠는가? 성종조에 있어서도 귀양 보냈다가 곧 돌아오게 하였으니, 이것은 공신을 중히 여기는 때문이었다. 허락하지 않는다." 하였다.

4월 13일 시작한 탄핵 상소는 14일에는 홍문관까지 나서서 유자광의 파직을 요구하더니 17일에는 극형에 처하라고 간했다.

18일에는 태학생 윤임이 유자광을 극형에 처하라고 상소했고, 19일에는 홍문관, 예문관, 승정원이 유자광의 탄핵을 상소했으며, 끝내는 성균관 생원 권숙균 등도 중형을 요구하는 상소를 올렸다.

대간이, "유자광을 그대로 둔다면 신 등이 있을 수 없어, 그 형세가 양립할 수 없습니다. 지금 청한 대로 되지 않으면 신 등은 관을 벗어버리고 멀리 가겠습니다. 속히 쾌한 결단을 바랍니다."라고 했지만 중종은 윤허하지 않았다.

유자광 탄핵 상소를 중종이 끝내 윤허하지 않자 사헌부와 사간원의 수장이 유자광을 제거하지 않으면 종묘사직이 위태로워진다고 하면서 상소했다.

중종 2년(1507년, 정묘년) 4월 21일(갑오)
대사헌, 대사간 등이 유자광을 탄핵하니 윤허하지 않는다고 전교하다

대사헌 민상안(閔祥安), 대사간 윤희손(尹喜孫) 등이 나와 일 보라는 명을 받고 합사(合司)하여 와서 아뢰기를, "유자광이 공이 있다는 것은 종묘사직을 위해서입니다. 그러나 유자광을 제거하지 않으면 종묘사직이 반드시 위태로울 것이니, 그 공을 어디에 쓰겠습니까?" 하니,

전교하기를, "내가 사사로이 유자광을 비호하는 것이 아니라 일찍이 조정과 의논해서 정했기 때문에 윤허하지 않았다."고 하였다.

대간이 입궐치 않고 대궐 밖에 모여 유자광의 탄핵을 요구하자 중종은 유자광을 파직하고 대간들에게 술을 내리며, 그간 대간의 노고를 위로하였다.

중종 2년(1507년, 정묘년) 4월 22일(을미)
대간에게 술을 내리다

대간에 명하여 나와 일을 보게 하고 이어 전교하기를, "유자광은 여러 대 조정의 원훈이니 파직도 너무 과한데, 또 어찌 죄를 더하겠는가. 더구나 이미 노쇠하였으니 무엇을 할 수 있겠는가. 난들 어찌 생각하지 않고서 그러겠는가. 근일 경들이 나의 부덕으로 이렇게까지 노고하니, 술을 하사한다." 하였다.

영의정 유순, 좌의정 박원종, 우의정 유순정이 육조 당상을 거느리고 와서 아뢰기를, "일전에 신 등에게 유자광의 일을 하문하시므로 신 등이 의논하여 아뢰기를, '파직이 마땅하다.' 하였습니다.

그러나 근일에 논하는 이가 모두들, '그 죄에 맞지 않는다.' 하면서 중형에 처하기를 청하였는데, 전하께서는 공이 있다 하여 받아들이지 않으시니 조정이 흉흉합니다. 청컨대 죄를 더하시어 공론을 쾌하게 하소서." 라고 했다.

전교하기를, "대간의 논계로 인하여 이미 조정에 의논하고 파직하였다. 더구나 유자광은 당대의 공훈이 있을 뿐만 아니라 전에도 익대의 공이 있었으니, 갑자기 죄를 더할 수 없다." 하였다.

유순 등이 다시 아뢰기를, "언책(言責)을 가진 자만이 말할 뿐 아니라 온 나라 공론이 이러하니 죄주지 않을 수 없습니다. 사림이 통분하여 기회를 기다린 지 오래였습니다. 죄를 더하심이 마땅합니다." 라고 했다.

전교하기를, "대신에게는 파직이 가벼운 벌이 아니다. 나는 차마 죄를 더하지 못하겠다." 하였다.

유자광은 조정에서 뿐만 아니라 유생들에 이르기까지 모두 불쾌하게 여기니, 지금 죄주지 않으면 나라에 불미한 일이 있을까 염려된다고 했다.

중종은 전교하기를, "여러 조정의 훈신에게 내가 차마 죄를 더할 수 없다. 그러나 온 나라가 논계하기 때문에 부득이 들어주겠는데, 무슨 죄를 가해야 되겠는가? 의논해서 아뢰라." 하고 끝내 유자광을 유배했다.

중종 2년(1507년, 정묘년) 4월 23일(병신)
의금부가 유자광 등의 부처를 계청하니 따르다

의금부가 유자광은 광양(光陽)에, 유진(柳軫)은 양산(梁山)에, 유방(柳房)은 산음(山陰)에 부처(付處)하기를 계청(啓請)하니, 상이 그대로 따랐다.

광양이 남원과 가까우니 더 멀리 유배해야 한다고 하면서 훈적이 있으면 유배지에서 대우를 받을 수 있으니 훈적의 이름도 삭제해야 한다고 상소했다.

헌납 김숭조는 아뢰기를, "그 아들들의 배소 역시 서로 가깝습니다. 근자에 내금위 등이 헌부(憲府)에 드린 상언(上言) 초본을 신 등이 보니, '유자광을 만일 변방 고을에 귀양 보내면 반드시 산료(山獠), 도이(島夷)와 함께 불측한 화를 만들 것이다.'고 하였는데, 이 말이 또한 무리라고 할 수 없습니다. 공적에서 삭제하고, 강원도 궁벽한 고을에 귀양 보내기 바랍니다." 라고 했다.

산료는 여진족을 말하고, 도이는 왜인을 말하는데 변방으로 보내면 여진이나 왜인과 함께 불측한 화를 만들 수도 있다고 하며, 이 말이 무리가 아닌 것 같다고 하는 것으로 보아 유자광이 보통 미운 것이 아니거나 아니면 유자광의 능력을 과대평가한 것 같다.

중종 2년(1507년, 정묘년) 5월 1일(계묘)
홍문관 직제학 이세인 등이 유자광의 일에 대해 다시 건의하다

대간이 올린 소장(疏章)을 재상에게 보이며 전교하기를, "자광에게 논죄(論罪)된 것이 부족한 것이 아닌데 그 자손까지 또 먼 지방에 부처한다면 너무 심한 일이다. 다른 죄는 그대로 혹 줄 수 있겠지만 전의 공훈을 삭제하는 것은 더욱 옳지 않다. 경 등의 뜻은 어떠한가?" 하니,

재상들이 의계하기를, "대간이 자광의 죄를 논하므로 신 등이 처음 파직시켜야 한다고 의계했고, 그 뒤 대간, 홍문관, 예문관과 태학생(太學生)까지 무릇 입이 있는 자는 다 자광은 서울에 있을 수 없다고 말하는 것을 전하께서는 너그러이 용서하여 윤허하지 않으시었으나, 언론이 더욱 격렬하므로 신 등이 다시 멀리 귀양 보낼 것을 의계했던 것입니다.

그런데 지금 배소가 고향에서 가깝고 그 자손이 오히려 서울에 남아 있으므로 대간과 시종이 온갖 말로 논계하기를, '자광의 전

후 공훈을 삭제하고, 그 자손을 먼 지방에 귀양 보내야 합니다.'
하였습니다.

신 등이 다시 생각해 보니, 지금 만일 공론을 좇지 않으면 유자광이 다시 조정에 서서 그 음모를 부려 사류(士類)를 일망타진할까 염려되었습니다.

그래서 신 등도 대간이 하는 말대로 그 공훈을 삭제하여 멀리 귀양 보내고, 아울러 그 자손도 각각 동·서로 보내어 서로 소식을 듣지 못하게 하는 것이 옳다고 하였습니다.

신 등이 처음에는 익대한 공로는 잊을 수 없다 하였으나, 지금 논하는 자의 말을 들어 보니 익대한 공도 또한 삭제하는 것이 옳습니다." 하니,

전교하기를, "유자광은 누조(累朝)의 원훈으로 이미 받은 죄가 부족하지 않은데, 매양 죄를 더 주기를 청하니 역시 너무 심한 일이지만, 이는 실로 공론이기 때문에 억지로 따른다.

그러나 유자광의 일을 재상이 처음에는 파직을 의계했다가 다음에는 멀리 귀양 보내기를 의계하고, 끝에는 대간의 말과 같이 의계하여 전후의 의논이 한결같지 않고 날마다 변경되니, 이는 내가 부덕한 때문이다.

조종조(祖宗朝)에는 이런 일이 없었을 것이다. 대간은 직책이 간쟁하는 것이니 말이 간절하면 좋은 것이나 재상이 시비를 의

논하는 데는 일정한 의논이 있어야 옳은데, 의논이 정해진 뒤에 다시 다른 말을 하니, 매우 온당하지 못하다." 하니,

재상들이 아뢰기를, "유자광의 일을 신 등은 파직하면 나라를 그르칠 간계를 다시는 부릴 수 없으리라 생각하였던 것인데, 그 뒤에 여론을 보니 사람마다 스스로 위태롭게 여기며 그 중상을 두려워하기 때문에, 신 등이 온 나라의 공의로써 감히 아뢰었고, 최후에는 대간이 용안을 거슬리면서 극력 간하였는데 뇌정(雷霆)의 위엄으로도 제지할 수 없었으므로, 신 등이 민심이 좋아하고 싫어하는 것으로써 감히 아뢰었던 것입니다.

그러므로 그 말이 세 번 변한 것이니, 지금 성상의 하교가 지당하십니다. 신 등의 식견이 아직 높지 못하여 공론이 이에 이를 줄을 알지 못하였고, 과단하게 의계하지 못하여 지극히 황공하므로 대죄합니다."

중종은 한 번 죄주는 것으로 족하지 조정에서의 논의가 왜 그때그때 달라져 파직하고, 유배 보내고, 훈적을 삭제하라는 것이냐고 중신들을 책망한 것이다.

여러 재상들도 여론이 자꾸 커져서 어쩔 수 없이 세 번이나 변한 것이라고 변명 아닌 변명을 했다.

중종 2년(1507년, 정묘년) 5월 1일(계묘)
유자광을 평해로, 그 자손도 먼 지방으로 유배시킬 것을 명하다

유자광을 평해(平海)로 귀양 보내고, 정국공신(靖國功臣)의 호(號)를 삭제하고, 그 자손도 먼 지방으로 유배시킬 것을 명하였다.

평해는 조선조에서는 강원도 울진 땅이었는데 지금은 경상도 울진으로 행정 구역이 바뀐 곳이다.

그 해 9월에 진성군이 강원도에 유배되어 있어 같이 있게 하는 것이 부당하다고 경상도로 옮겼다.

대간과 대신들의 논쟁이 끝날 줄을 몰랐다. 이에 시독관(侍讀官) 이장곤은 중종에게 다음과 같이 아뢰었다.

"근자에 대신이 대간과 화합하지 못하여 전하의 앞에서 뿐만 아니라 조행(朝行)에서 정사를 하는 사이에서도 역시 서로 부딪치게 되니, 신은 매우 온당하지 못하다고 생각합니다.

성종 때에 사기(士氣)를 배양하고 간쟁을 너그러이 받아들여, 사대부로서 현달하지 못한 사람은 다투어 스스로 격려하여, 무릇 정치에 대한 시비를 온갖 말을 다하여 논의했습니다.

그리하여 시종(侍從)이나 쟁신(諍臣)이 되어서는 곧은 말과 바른 의논이 이르지 않은 곳이 없었으므로, 대신으로서 높은 녹봉을 받은 사람들이 모두 두려워하고 미워하여 점점 서로 버티기 시작했습니다.

그러다가 무오년(1498년)에 이르러 사화(士禍)가 크게 일어난 것인데, 그때의 대신들이 어찌 다 간사했겠습니까?

처음에는 간관을 두려워하다가, 다음에는 미워하고, 나중에는 원수로 대했으니 슬픔을 견딜 수 있겠습니까?"

논쟁이 꼭 필요한 것인데 과하면 독이 된다는 것이다. 이것을 조화롭게 만드는 것이 지도자이다.

중종 3년(1508년, 무진년) 4월 17일(갑신)
의금부에 유자광의 석방을 의논케 하다

의금부의 형조에서 서계(書啓)한 죄목(罪目) 단자(單子)를 내리면서 이르기를, "유자광은 처음에 대간의 말에 의하여 내쫓았지마는, 그러나 그는 대신이니 서울 안에 살게 할 수는 없다 해도 석방해서 고향으로 돌려보내는 것이 어떻겠는가?

또 그 자손은 모반이나 대역의 예가 아니니 모두 석방하는 것이 어떻겠는가? 폐조(廢朝) 때 기생으로서 귀양 보낸 사람도 석방하는 것이 어떻겠는가? 그것들을 정승들에게 의논하라." 하였다.

중종은 여러 번 유자광과 그 자손들에 대해 양이와 석방 등으로 후대하려 했으나 뜻을 이루지 못했다. 조정에는 유자광을 미워하는 이들이 너무나 많았다.

서출로는 벼슬길에 나갈 수 없었던 조선 왕조에서 부모상으로 두 번 관직에서 물러났다가 돌아오고, 한명회 탄핵사건으로 파직당했다 복직되고, 현석규 탄핵사건으로 7년 동안 귀양살이를 했다가 다시 조정에 나왔으며, 갑자사화에 이극균과 친한 죄로 파직되기도 한 유자광이 오뚜기처럼 재기하는 것이 모든 이에게 얄미운 일이었는지도 모르겠다.

22
가계(家系)

　유자광은 함양(咸陽) 호장(戶長) 박치인(朴致仁)의 딸과 혼인하여 방(房)과 진(軫)이라는 두 아들을 두었는데 1513년(중종 8년) 6월 6일자 실록에 의하면 방이 진의 동생처럼 되어 있으나, 이는 대간이 잘못 알고 임금에게 고한 것으로 보인다. 왜냐하면 방이 형 자환의 후사였기 때문이다.

　연산 9년(1503년, 계해년) 1월 5일(계유)
　사간원이 유방을 춘추관에 겸직하는 것이 부당함을 논박하다

　사간원이 좌랑(佐郎) 유방(柳房)을 춘추관(春秋館)에 겸직하는 것이 적합하지 못하다고 논박하니, 이 일을 의논하기를 명했다. 윤필상(尹弼商)이 의논드리기를, "유방은 이미 유자환의 후사(後嗣)가 되었으니 후사가 된 사람은 그 아들이 되는 것이므로 유자

광의 계사(系嗣)는 아니니, 비록 춘추관에 제수하더라도 무슨 구애가 있겠습니까?" 하고,

성준(成俊)과 이극균(李克均)은 의논드리기를, "서자(庶子)에 대해서 개괄적으로 논한다면, 사간원에서 아뢴 것이 당연합니다. 다만 유자광은 국가에 큰 공로가 있어서 이미 벼슬길을 트기를 허락했으며, 더구나 유방은 적출(嫡出) 숙부인 유자환의 후사가 되었으므로 유자광의 계사는 아니며, 또한 이미 감찰(監察)을 지내도 논박하지 않았는데, 어찌 오직 춘추관에만 못하도록 막겠습니까?" 하였다.

적출 숙부인 유자환의 후사라는 표현도 잘못된 것으로 유자환은 유자광의 형이기에 숙부가 아니고 백부가 되어야 할 것이고, 형에게 양자를 보낼 때는 장자를 보내는 것이 통례였기 때문이다.

조선왕조실록에서 방과 진의 기록을 전부 검토해 보면 방의 이름이 진의 이름보다 먼저 기록되어 있기에 방이 큰 아들이고, 진이 둘째로 여겨진다. 또한 유자광에게 손동(孫同)이라는 사위가 있었다.

중종 2년(1507년, 정묘년) 4월 16일(기축)
대간이 유자광의 죄를 논하니 파직을 전교하다

대간이 유자광의 죄를 논하여 중법에 처하기를 청하고, 또 유자광의 아들 유방(柳房)과 유진(柳軫) 및 그 사위 손동(孫同)과 손자 유승건(柳承乾)이 방자하게 횡행하는 죄를 다스려 유자광의 수족을 제거할 것을 청하니,

상이 빈청(賓廳)에 전교하기를, "대간이 유자광의 전의 일을 추론(追論)함은 온당치 못한 것 같다. 홍문관에서 역시 유자광이 도총부(都摠府) 및 각사(各司) 제조(提調)에 간여된 사실을 논하니 내 생각으로는 다만 제조만을 갈았으면 하는데 대신의 의사가 어떤지 모르겠다."하였다.

유방은 청풍군 이원의 딸에게 장가를 들었는데 청풍군 이원은 영응대군 이염의 외아들이다.

영응대군 이염은 세종의 여덟째 아들이므로 청풍군 이원은 세종의 손자이고 세조의 조카로 정1품 흥록대부까지 올랐다.

서출 출신인 무령군 유자광이 종실과 사돈을 맺은 사실은 여러 사람들에게 질투와 시기의 대상이 되었을 것이다.

유방은 1502년(연산 8년)에 감찰을 지냈으며, 연산 9년에는 춘추관 기사관을 겸직했고, 은(銀) 재취량 때문에 왕의 명령을 받아 각 지방으로 감사를 나갔던 12명 중 한 명이다.

연산 10년에는 관사(觀射)에서 수석으로 우등한 문신 윤순(尹洵)

등에게 가자(加資)와 말을 하사 받을 때 유방도 망아지 1필을 상으로 받았을 정도로 활을 잘 쏘았다.

연산 11년에는 율시(律詩)로 인하여 상을 받았는데 승정원에 이르기를, "호방(豪放)하게 짓는 사람 가운데, 이 두어 시가 가장 제목의 뜻에 합당하니, 강혼(姜渾)은 반쯤 길들인 말 한필, 유방(柳房), 조계형(曺繼衡)에게는 망아지 각 한 필씩 내리고, 김세절(金世節), 김안국(金安國) 등에게 각각 한 자급을 더하라." 할 만큼 문장에도 능했다.

연산 12년에는 판결사(判決事), 진유(鎭幽) 근리사(謹理使), 남해(南海) 근리사(謹理使)를 지냈다.

중종 1년(1506년)에는 무양군(武陽君)을 제수받았으며, 정조사(正朝使) 한순(韓恂)이 의주(義州)에 이르러 병으로 강을 넘지 못하자 무양군 유방으로 교체되었다.

유진은 신씨(申氏) 부인에게 장가를 들어 두 아들을 두었는데 승건과 승곤이다.

연산군 부인과 중종의 부인이 신씨였던 것으로 보아 유진의 아내 신씨도 명문가의 여식이였던 것 같다.

유진은 1498년(연산 4년) 종4품 벼슬인 절충부호군(折衝副護軍)의 관직을 제수받았으며, 연산 7년에는 원주 목사가 되었다.

연산 7년(1501년, 신유년) 1월 21일(경오)
헌납 정환이 원주 목사 유진이 임무를 감당하지 못할 거라고 하였으나 들어주지 않다

헌납 정환(鄭渙)이 아뢰기를, "원주 목사 유진은 대신들은 비록 그 임무를 감당하리라고 하지만, 나이도 어리고 경력도 없기 때문에 백성 다스리는 임무를 감당하지 못할 터이니, 개정하기를 청합니다."하니 들어 주지 않았다.

유진은 연산 9년에 호군(護軍)으로 우상위장(右相衛將)이 되었으나 아버지 유자광이 유배 가던 해인 1507년(중종 2년)에 양산으로 귀양을 갔다.

중종 6년(1511년, 신미년) 4월 10일(기축)
유자광의 손자 승건 등을 가까운 도로 양이하다

급제(及第) 유진의 처 신씨(申氏)가 그 아들 유승건, 유승곤을 가까운 도에 이배(移配)하여 줄 것을 가전(駕前) 상언(上言)하니, 상이 의금부에 명하여 가까운 도로 양이 하게 하였다.

유진은 유자광이 죽기 전에 복권된 것으로 여겨지는데 어머니와는 사이가 원만치 못했던 것 같다.

중종 8년(1513년, 계유년) 7월 27일(계사)
조강에 나아가다

조강에 나아갔다. 대사헌(大司憲) 성세정(成世貞), 대사간(大司諫) 홍경림(洪景霖)이 변수(邊脩), 유효정(柳孝汀), 진식(陳植), 이계맹(李繼孟) 등의 일을 논하였다.

성세정이 아뢰기를, "유진(柳軫)은 2품 재상으로 어미를 내쫓기까지 하였으니 그 불효가 이보다 더 클 수 없거니와 신이 전에 평안도에 있을 때 '유진이 영원(寧遠)에 있었는데 아비의 상사를 듣고도 즉시 달려가지 않고, 첩을 거느리고 천천히 가 서울에 도착한 다음에도 또한 여러 날을 지체하였다.'고 들었으며, 안극함(安克諴) 등에 대해서도 고발한 사실이 의심할 것 없습니다. 금부로 하여금 먼저 유진을 추문한 다음 안극함 등을 추문하게 하소서." 하였으나 윤허하지 않았다.

유자광이 죽은 다음 해인 중종 8년에 대간이 우윤공, 김윤문 등의 일을 아뢰고, 간원이 또 아뢰기를, "유진은 아비가 죽은 뒤로 어미에게 불효하여 그 어미로 하여금 집안일을 맡아보지 못하게 하고, 조석도 자유로이 못하게 하였으므로 유진이 그 도에 갇혔는데, 그의 아우 유방이 옥문에 가서 만나보고 집에 돌아와 스스로 목매어 죽었으니, 유진은 어미와 형제간에 효도와 우애를 이루지 못하였습니다. 대저 유진은 토호(土豪)여서 그 위령(威令)이 일부(一府)에 행하여지는데, 외방의 옥은 허술하여 도망하는 폐단이 있을 것이니 의금부에 잡아다가 추문하소서." 하니,

전교하기를, "유진은 금부(禁府) 낭관(郎官)을 보내어 잡아오라. 이 사람은 이제 죄를 지었으니 재상이라 이르지 못할 것이다. 그러나 역시 재상을 지낸 사람이라 나장(羅將) 혼자서 잡아오게 하면 도중에 도망할까 염려되니 낭관을 보내어 잡아오게 하는 것이 마땅하겠다. 또 유방이 옥문에 가서 형을 만나보고 돌아와 스스로 목을 매었으니 필시 곡절이 있을 것이다. 그 노(奴)를 함께 잡아다가 추문하라. 나머지는 모두 윤허하지 않는다." 하였다.

유진은 어머니인 박씨의 상언에 따라 절도로 유배되었다.

중종 10년(1515년, 을해년) 9월 8일(신묘)
유자광의 아내 박씨의 상언에 의해 아들 유진을 절도에 유배시키다

유자광의 아내 박씨(朴氏)의 상언(上言)을 정원(政院)에 내리고 이르기를, "원하는 바에 따라 그 아들 유진을 절도(絶島)에 이배(移配)하도록 하라." 하였다.

유방의 묘는 그 증조부 유두명의 묘소 아래인 전북 남원시 이백면 서당골에 있지만 유진의 묘는 전해지지 않고 있다.

23 졸기

유자광이 유규의 서자로 태어나 29세에 세조의 허통으로 조정에 나아가 세조부터 중종에 이르기까지 정승반열에 올라 5대 임금을 보필했으나 유배지에서 졸했다.

귀양간 지 5년이 지난 1512년(중종 7년) 6월의 일로 유자광의 나이 74세였다.

유순정, 성희안, 김응기, 신윤무 등이 의계하기를, "신 등은 듣건대 유자광이 죽었다고 합니다. 유자광은 국가에 공로가 있는데, 지금 그 자손들이 다른 곳에 나뉘어 귀양살이를 하고 있습니다. 그때 그 자손들을 여러 곳에 나누어 유배하고 또 훈적을 삭제한 것은 그들이 공을 믿고 교만한 행동을 할까 염려되고 또 한곳에 모이게 되면 변을 일으킬 염려가 있기 때문이었습니다. 지금 유자광이 죽었으니, 청컨대 익대공신의 작호를 도로주어 자손들로 하여금 예장(禮葬)하게 함이 어떠합니까?" 했다.

중종 7년(1512년, 임신년) 6월 23일(을축)
유자광의 일을 다시 재고하도록 하기로 하다

  이손(李蓀) 등에게 전교하기를, "유자광의 일은 대신의 말이 '훈권(勳券)'을 도로 주어 예장함이 좋겠다.' 하였고, 나도 일찍이 유자광은 익대한 공이 매우 크다고 생각하였기 때문에 그대로 윤허한 것인데, 지금 대간과 시종(侍從)들이 논쟁하여 마지않는다.
  나도 다시 생각하니, 그 자손들을 석방한 은혜 또한 큰데, 훈권을 도로 주고 예장하게 하는 것 등을 일시에 함께 허락하는 것은 과연 급히 서두르는 듯하니, 함께 의논하여 아뢰라." 하였다.

  왕이 전교하기를, "유자광은 공신의 예로 장사지내는 것이 가하다." 하였다.
  이에 대하여 대간이 합사하여 유자광을 공신의 예로 장사지내서는 안 된다고 간하니 중종은 윤허하지 않다가 계속되는 상소에 유자광의 훈적에 대하여 재고토록 했다.

중종 8년(1513년, 계유년) 2월 30일(기사)
빈청에 공신연 뒤의 은수를 의논하다

빈청(賓廳)에 전교하였다. "공신연(功臣宴) 뒤에 옛날에는 은수(恩數)를 각각 차등 있게 내렸는데 지금은 어떻게 해야 좋은가?

나의 뜻은 다음의 조목에 의하여 시행하려 하나 다만 경 등의 뜻에 합당한지 여부를 알 수 없으니, 다시 더 마련하여 아뢰라.

《《유자광의 익대공신은 그 자신이 애쓴 공로이니, 정국공신(靖國功臣)은 도로 주지 않더라도 익대공신은 도로 준다.》》

유순, 송일, 김응기, 노공필, 이손, 신용개, 윤금손, 김전, 홍숙, 이장곤, 이희맹이 의논드리기를, "유자광이 비록 죄는 있지만, 그는 이미 죽었고, 익대한 공은 크니 환급하는 것이 마땅합니다." 했다.

중종 8년(1513년, 계유년) 11월 12일(병자)
유자광의 공신호를 환급하게 하다

조강에 나아갔다. 대간이 전의 일을 아뢰었으나 윤허하지 않았다.

영사 정광필이 아뢰기를, "상께서 사태(沙汰)하는 일을 어렵게 여기시니 충후(忠厚)한 뜻이 지극합니다. 유자광은 본시 음험하여 불측한 사람이고, 무오사화도 모두 그가 꾸며낸 것이어서 조정의 사대부들이 이를 들춰내서 공박하려고 했지만, 불측한 참변이 있을까 두려워서 감히 발론하지 못한 지가 오래였습니다. 그러나 익대공신의 훈적을 삭제한다는 것은 너무 과한 것 같습니다. 유자광이 살아있다면 군자·소인을 등용하고 물리치는 기미가 매우 두려울 만하므로 환급해서는 안 되겠지만 이제 이미 죽었으니 그에게 공적을 주어서 충후한 기풍을 배양해야 합니다." 하니,

상이 이르기를, "이제 충후한 기풍을 배양한다는 말은 매우 마땅하다. 전일에 유자광의 익대공신호를 환급했더니 그때 대간이 논계하기 때문에 도로 깎았으나 이 공신호는 과연 다시 주어야 하리라." 하였다.

중종 8년 11월 16일(경진) 홍문관 부제학 박소영 등이 유자광의 복록에 반대하는 차자를 올리기 시작하면서부터 18일은 홍문관, 19일도 홍문관, 20일은 유관과 이청 등이 훈적 환록을 반대했으나 중종은 윤허하지 않았다.

21일, 22일, 23일은 홍문관, 대간 등이 각각 반대했고, 24일에는 경연관, 홍문관, 대간 등 세 군데에서 각각 반대했으나 종사에 관계되는 일이라고 물리쳤다.

승정원까지 합세하여 이렇게 반대하기를 섣달 그믐날까지 거의 빠지는 날 없이 상소했지만 중종은 윤허하지 않았다.

중종 8년(1513년, 계유년) 12월 30일(갑자)
대간이 유자광, 정막개 등의 일을 아뢰었으나 윤허하지 않다

대간이 유자광, 정막개, 신한, 유계종의 일을 아뢰고, 또 아뢰기를, "오는 15일에 월식(月蝕)이 있을 것이니, 이는 큰 재변입니다. 임금이 만약 조심하고 두려워하며, 몸을 닦고 반성하여 능히 하늘의 경계를 삼가면 할 월식도 하지 않는데, 하물며 내농작은 백성에게 피해를 끼침이 적지 않음이리까? 정지하소서." 하였으나, 상은 모두 윤허하지 않았다.

새해가 되어 초이튿날부터 유자광에 대한 상소가 또 다시 올라오기 시작했다.

중종 9년(1514년, 갑술년) 1월 2일(병인)
대간이 유자광, 정막개 등의 일을 아뢰었으나 윤허하지 않다

대간이 합사하여 아뢰기를, "유자광은 그 간흉하고 나라를 그

르친 죄 지극히 중하기 때문에 조정에서 공과 죄를 참작하여 외방으로 귀양 보냈는데, 어찌 일개 대신의 그릇 아뢴 것을 가지고 다시 그 공을 기록하리까? 빨리 중지하라 명하소서." 하니,

전교하기를, "유자광과 정막개의 일은 이미 다 말하였다." 하였다. 두 번 아뢰었으나, 윤허하지 않았다.

매일같이 하루에 한 번 이상을 상소하고, 정월 초엿새에는 성세순과 손중돈 등이 상소하고, 소세양과 민수원 등이 상소하고, 대간이 상소하고, 부제학 박소영 등이 상소함으로 하루에 네 번이나 상소가 올라왔으나 모두 윤허하지 않았다.

대신들과 상의하여 익대공신을 내렸던 중종은 두 달 넘게 매일같이 올라오는 상소에 어쩔 수 없이 원훈을 삭제하라고 명했다.

중종 9년(1514, 갑술년) 1월 16일(경진)
조정의 공론에 따라 유자광의 원훈을 삭제하다

조계상(曺繼商)이 의논드리기를, "유자광의 공과 죄를 비교하면 그 죄가 더욱 커서 공이 능히 그 죄를 덮을 수 없는데, 하물며 그 죄악이 이와 같음이리까? 목숨을 보전하여 자기 집에서 늙어 죽은 것도 국가에서 보답한 은혜가 족하거늘, 이미 삭탈한 공적

을 어찌 다시 기록하겠습니까?" 하였는데 김응기(金應箕), 홍경주(洪景舟), 이계맹(李繼孟), 강징(姜澂), 윤순(尹珣), 김준손(金俊孫), 이점(李坫), 윤희평(尹熙平), 황형(黃衡), 임유겸(任由謙), 정광세(鄭光世), 김석철(金錫哲), 심순경(沈順經), 이계복(李繼福), 유미(柳湄), 장순손(張順孫), 안윤손(安潤孫), 남곤(南袞), 심정(沈貞), 유인호(柳仁濠), 정광국(鄭光國), 안당(安瑭), 김전(金詮), 이장곤(李長坤), 이계맹(李繼孟), 유담년(柳聃年), 성몽정(成夢井), 서극철(徐克哲), 황성창(黃誠昌)의 의논도 같았다.

이맥(李陌)은 의논드리기를, "유자광이 예묘(睿廟) 때 큰 공로를 세웠으니, 그 공로는 잊을 수 없습니다. 처음에 공신을 삭탈한 것은 그 자세함을 알 수 없거니와 결코 용서할 수 없는 큰 죄역이 아니라면 그 원훈에 기록하지 않을 수 없습니다. 한 번 주고 한 번 빼앗는 것을 마땅히 살펴서 처리하여야 됩니다." 하니,

전교하기를, "유자광은 죄악이 이를 데 없는 오국간흉(誤國奸凶)이라, 조정의 공론이 이와 같으니 다시 녹공(錄功)하지 말라." 하였다.

유자광의 아들 유방과 유진뿐만 아니라 유진의 아들 유승건과 유승곤까지 유배를 갔다. 자손들은 유자광이 죽자 유배에서 풀려났다.

20여 년이 지난 후 유승건이 어가 앞에서 할아버지의 익대공신 환급을 상언했다.

중종 28년(1533년, 계사년) 8월 28일(무술)
익대공신 환급의 가부를 의논하다

정원에 전교하였다. "어제 유승건이 어가(御駕) 앞에서 상언(上言)하여 그의 할아비 유자광의 추대공신(推戴功臣)과 익대공신을 모두 **빼앗겨** 억울하다고 호소하였다.

내 생각에 남이의 난에는 대사(大事)가 거의 그릇될 뻔하였으니 유자광의 공이 크다 하겠다.

그러니 추대공신은 환급할 수 없지만 익대공신은 환급해도 될 것 같다. 그것을 의정부로 하여금 합좌(合坐)하는 날 가부를 의논하여 아뢰게 하라."

대신들은 돌려주어도 된다고 하였고, 대간은 다시 돌려주는 것은 온당하지 않다고 하였다. 끊임없는 논쟁이었다.

중종 28년(1533년, 계사년) 9월 8일(정미)
유자광의 익대공신 녹권을 돌려주게 하다

영의정 장순손, 좌의정 한효원, 우의정 김근사, 좌찬성 윤은보, 우참찬 손주 등이 아뢰기를, "유승건이 상언한, 그 할아비 유자광의 익대공신의 녹권(錄券)을 돌려주는 일의 당부를 의정부로 하여금 의논하여 아뢰게 하였는데, 근일 계속해서 합좌(合坐)하지 못했기 때문에 오늘에 와서야 아룁니다.

이 일은 전에도 대신들의 의견을 모은 일이 있습니다. 그때 대신들은 돌려주어도 된다고 하였으나, 대간은 죄받아 죽은 지 오래지 않아 다시 돌려주는 것은 온당하지 않다고 하였습니다.

그래서 다시 대신들의 의견을 모았더니 또 돌려주어도 된다고 하였으므로 녹권을 돌려주려 했었습니다. 그러자 대간이 또 온당하게 여기지 않을 뿐 아니라 아래로 군졸에 이르기까지 모두 돌려주지 말 것을 청하므로 끝내 녹권을 돌려주지 않았습니다.

이렇게 된 까닭은 그의 죄악이 크고 극도에 이르러 온 나라의 백성들이 함께 그를 버렸고, 조정에서도 삭적(削籍)해 버렸기 때문입니다.

그러나 이제는 죽은 지도 오래되었으니, 신들은 익대공신의 칭호는 환급할 만하다고 여깁니다.

상께서 하문하실 때에도 '그 죄는 중하나 공 또한 적지 않으니 익대공신의 칭호는 환급할 만하다.'고 하셨는데, 신들의 뜻도 그와 같습니다." 하니,

전교하기를, "유자광은 무오년의 일로 끝내 큰 화(禍)를 빚어 냈다. 그러나 익대하던 때에 국문에 참여한 사람들의 자손은 아직도 충의위(忠義衛)가 되어 있는데, 하물며 유자광의 공이겠는가!

지난번 대신들의 의견은 녹권을 돌려줄 만하다고 하였으나 대간은 죽은 지 오래지 않았다고 하여 반대하였었다.

그런데 이제는 죽은 지 이미 오래되었으니 삼공의 아룀이 온당하다. 익대공신의 녹권은 다시 돌려주는 것이 옳다. 목욕재계하는 일은 마땅히 참작해서 하겠다." 하였다.

또 다시 상소가 빗발쳤다. 중종은 대간들의 반대 의견 때문에 유자광의 익대공신을 복권치 못했다.

유자광의 죄명이 벗겨지고 벼슬이 회복된 것은 그가 죽은 지 400여년이 지난 1908년(순종 1년)의 일이었다.

24
장례

유자광이 유배지에서 죽자 중종은 예장을 허락하고, 삭제한 훈적을 돌려주려고 무던히 애를 썼지만 그러하지 못했다.

중종 7년(1512년, 임신년) 6월 15일(정사)
야인이 번갈아 도둑질을 하는 곳에 별군관을 더 보내는 것을 의논하게 하다

유순정(柳順汀), 성희안(成希顔), 김응기(金應箕), 신윤무(辛允武), 황형(黃衡), 정광필(鄭光弼), 홍숙(洪淑), 이병정(李秉正), 최한홍(崔漢洪), 이장생(李長生), 최숙생(崔淑生) 등이 의계(議啓)하기를, "신 등은 듣건대 유자광이 죽었다고 합니다. 유자광은 국가에 공로가 있는데 지금 그 자손들이 다른 곳에 나뉘어 귀양살이를 하고 있습니다. 그때 그 자손들을 여러 곳에 나누어 유배

하고 또 훈적을 삭제한 것은 그들이 공을 믿고 교만한 행동을 할까 염려되고, 또 한곳에 모이게 되면 변을 일으킬 염려가 있기 때문이었습니다.

지금 유자광이 죽었으니, 청컨대 익대공신의 작호를 도로 주어 자손들로 하여금 예장하게 함이 어떠합니까?

인천(仁川)의 도적떼가 매우 횡포하여 장한공(張漢公)의 반인(伴人)을 죽였으므로, 관군을 보내어 잡도록 하였습니다. 그러나 지금은 농사철이어서 폐해가 농민에게 미치니, 청컨대 아직 그만두었다가 겨울이 깊어진 뒤를 기다려서 잡도록 함이 어떠합니까?" 하니,

전교하기를, "양계(兩界)에 사변이 일어난 것은 국가의 큰일이므로 의논하게 한 것이다. 오세한(吳世翰)은 유임시킴이 가하고, 안지(安智)는 비록 추고(推考)를 받으나 일이 그다지 긴요하지 않으니 우후에 임명하여 보내도 좋다. 그러나 널리 의망(擬望)하는 것이 가하다.

지금 붕중(弸中)이 가지고 온 서계(書契)를 보니 단지 화친만을 바라는 것이 아니라 계속 청하는 것이 많으니, 그의 뜻이 한갓 강화(講和)하는 허명(虛名)만 얻으려는 것이 아니다.

우리나라 사람이 한두 사람 잡혀갔더라도 당연히 돌려보낼 것을 요구해야 하는데 하물며 성을 함락시키고 장수를 죽였는데

이겠는가! 경솔하게 화친을 허락할 수 없으니, 전 의논대로 하라. 유자광은 공신의 예로 장사지내는 것이 가하다." 하였다.

중종이 공신의 예로 장사지내는 것이 가하다고 해서 조정에서는 또 다시 논란이 일어났다.

중종 7년(1512년, 임신년) 6월 16일(무오)
대간이 자신들이 아뢴 말들을 빨리 결정하기를 청하다

대간이 합사(合司)하여 아뢰기를, "신 등이 복합(伏閤)하여 일을 논한 지 벌써 두 달이나 되었고, 아뢴 바가 좌도(左道)를 물리치는 것과 경연관(經筵官)을 선택하는 것 등으로서 모두 쾌하게 받아들여야 하는데 이토록 윤허하지 아니하시니 더욱 실망됩니다. 올해 한재(旱災)는 경기와 서북도(西北道)가 더욱 심합니다. 비록 정전(正殿)을 피하고 찬[膳]을 감하기는 하였으나, 그러나 죄를 자신에게 돌리고 바른말을 구하여 통절히 스스로 꾸짖고 몸을 삼가고 행실을 닦으심이 매우 마땅합니다." 하니,
전교하기를, "기은(祈恩)은 그 유래가 오래되었으니 갑자기 고칠 수 없다. 안처성(安處誠)이 어찌 경연관(經筵官)이 되지 못하겠는가. 그동안 비록 구언(求言)하였으나 올린 봉사(封事) 가운

데 쓸 만한 말이 없었다.

옛날에 성탕(成湯)이 상림(桑林)에서 친히 빌자 하늘이 비를 내렸고, 송(宋)나라 인종(仁宗)이 태일궁(太一宮)에서 비를 비니 하늘이 또한 비를 내렸었다. 지금 나도 몸소 비를 빌고 싶으나, 조종(祖宗) 때의 고사(故事)를 알 수 없으니 대신에게 물을 것이다."하자,

다시 아뢰기를, "비록 더러 구언하기는 하셨으나 말을 올리는 사람이 적은 것은 전하께서 말을 받아들이시는 실지가 없기 때문입니다. 신 등이 언관(言官)으로서 논계(論啓)하더라도 윤허하지 않으시는데 초야(草野)에 있는 사람의 말이 어떻게 들어올 수가 있겠습니까?

유자광은 죄가 중하고 악이 지극했기 때문에 당초에 공신의 훈적을 삭제하고 그 죄를 정한 것입니다. 대체로 큰 악[大惡]은 그 몸이 살았거나 죽었거나가 상관없는 것인데, 특별히 공신의 직호를 도로 주어 예장하게 하니 지극히 놀라운 일입니다." 하니,

전교하기를, "기은과 처성 등의 일은 윤허하지 않는다. 유자광이 죽은 것을 내가 알지 못했었는데, 어제 정승이 아뢰기를 '그가 이미 죽었으니 마땅히 훈권을 도로 주어 예에 의해 장사하도록 해야 한다.' 고 하기에 그렇게 한 것이다." 하였다.

대신들은 대체적으로 임금의 뜻을 받들어 유자광을 옹호했고, 대간들은 반대했다.

유자광이 비록 유배지에서 죽었지만 공신의 예로 장사를 지낸 것은 사실인 것 같다.

남원에 전해 내려오는 전설에 의하면 유자광은 자기가 죽은 후 사림에 의해 부관참시 당할 것을 염려해서 자손들에게 자신이 죽으면 자기 묘에 자신과 비슷한 체구의 하인을 묻고, 자신의 묘는 남들이 알 수 없도록 장사지내라고 유언했다고 한다.

그런 연유인지는 몰라도 남원의 유씨 문중 선산에는 영광(靈光) 유씨 시조인 유자광의 고조부 유자택, 증조부 유면, 할아버지 유두명, 아버지 유규, 형 유자환과 손자들의 묘가 전해지고 있지만 유자광의 묘소는 전해지지 않고 있다.

후세에 유자광에 대한 부관참시는 일어나지 않았지만 그가 죽은 후 600여 년 동안 여러 사람들에게 사실이 아닌 일들로 끊임없이 욕을 먹어야 하는 인물이 되었다.

서출로 태어나 5대 왕조를 섬기며 조선 왕조의 왕권을 강화시키는데 일조를 했던 유자광은 사림과 깊은 골을 남겼다.

그러나 이제는 악학궤범 편찬 및 남원 축성 등에 공을 남긴 일과 남이 장군의 죽음에 대한 역사적 사실 등이 재검증 되어야 하고, 서출의 출사가 절대 불가능했던 조선 왕조에서 불굴의 의지로 한 시대를 살았던 그의 삶이 재평가 되어야 할 것이다.

  부모상을 당하여 두 번 파직 당했다가 복직되었으며, 두 번이나 귀양을 가야 했던 유자광은 조선왕조실록의 방대한 기록으로 볼 때 분명 역사적인 인물임에 틀림이 없다.